Y A-T-IL UN CONTRÔLEUR DANS LE TRAIN?

Y A-T-IL UN CONTRÔLEUR DANS LE TRAIN ?

Michel Claremontet

cherche midi

Vous pouvez consulter notre catalogue général
et l'annonce de nos prochaines parutions sur notre site :
www.cherche-midi.com

Conception graphique : Corinne Liger-Marie

30, place d'Italie
75013 Paris

Mis en pages par Soft Office
Dépôt légal : février 2019
ISBN : 978-2-7491-6083-2

EN VOITURE !

Paradoxalement, pour voyager en train, on ne prend pas place dans un « wagon », mais dans une « voiture » ! Le mot « wagon » désigne ce qui sert à transporter les marchandises... Voilà, cher lecteur, une précision qui a son importance pour éviter toute confusion !

Contrôleur depuis plus de vingt ans, je me suis rendu compte que beaucoup de voyageurs étaient passionnés par les anecdotes se déroulant dans les trains.

Je me suis donc amusé à les noter, incroyables, drôles, parfois émouvantes, mais toujours vraies.

1. LA SÉANCE SM

J'étais encore à l'école des contrôleurs, au début de ma carrière, lorsqu'on m'a envoyé pour la première fois dans un train avec couchettes.

Après les vérifications d'usage et la ronde, mon formateur me donne l'ordre de commencer le contrôle sans lui – il va dans la voiture suivante voir mon collègue, débutant comme moi. Tremblant d'excitation, désireux de bien faire, je commence. Premier, deuxième, troisième, quatrième compartiment, nickel, tout va bien. Arrive le cinquième... celui qui me marquera pour longtemps !

J'ouvre la porte. « Messieurs-dames, bonsoir, contrôle des billets. Veuillez... » Mais je ne peux pas finir ma phrase.

Devant moi se tient une femme, de dos et nue, attachée aux poignets par des lanières nouées aux couchettes. Elle se fait fouetter par un homme – nu, lui aussi.

Je suis comme hypnotisé par les nombreuses zébrures rouges sur le dos et les fesses de la jeune femme. Le gars y va franco, sans retenue. Ils n'ont même pas entendu la porte s'ouvrir ni ma courte annonce. D'une voix plus forte, je lance mon deuxième « Bonsoir, contrôle des billets ! ». Ils prennent conscience enfin de ma présence et – nouvelle surprise – la jeune femme se retourne et me dit : « Bonsoir, les billets sont là. Ils sont en règle, bonne soirée. » Sans sourciller, elle dit ensuite à son compagnon : « Allez Paul, je me refroidis, continue ! »

Leur séance reprend sans aucune gêne sous mes yeux. Après un bref coup d'œil aux billets par acquit de conscience (ils ont réservé le compartiment complet), je m'éclipse aussi vite et je rejoins mon formateur.

Le sourire aux lèvres, je lui raconte l'épisode. Il me répond : « Elle est consentante, adulte et *a priori* hors de danger – et puis, le plus important, elle fait ce qu'elle veut de son corps. »

Encore et en corps !

2. LA TEINTURE

Une heure après le départ, dans un train parti pour le Sud, j'effectue ma ronde. Au moment de changer de voiture, j'aperçois les toilettes ouvertes. Une jeune femme s'y tord le cou pour tenter de glisser sa tête sous le robinet du lavabo.

Surpris, je lui fais remarquer que les toilettes ne sont pas prévues pour prendre des douches ni pour se laver les cheveux. Elle m'explique alors qu'elle a tenté de se faire une couleur à partir d'un mélange personnel mais que, visiblement, elle a raté son coup. Le vrai problème, c'est que son cuir chevelu lui brûle : ses cheveux tournent à l'orange et des cloques apparaissent. Comme le lavabo est juste prévu pour les mains et s'enclenche avec un petit capteur, l'eau ne coule pas. Immédiatement, je mets le doigt sur ce même capteur pour y remédier… Échec. Plus d'eau.

Pas le choix : direction le bar – au pas de course. J'y réquisitionne un pack d'eau et hop ! je reviens vers les toilettes. Je constate que ses cheveux ont viré à l'orange vif et que les cloques se sont multipliées. Elle a mal.

Ni une ni deux, je vide la première bouteille, puis la deuxième. Malgré la forte odeur d'ammoniaque, la jeune femme semble soulagée. Nous continuons le rinçage et, une fois les six bouteilles vidées, nous constatons les dégâts : ce n'est plus un problème de couleur, mais de brûlures graves. Choqué, je lui demande ce qu'elle a utilisé : « J'ai suivi la recette de ma copine coiffeuse, mais comme je ne me souvenais plus du dosage, j'ai fait au pif. J'ai mis un peu de tout, pour être sûre ! »

Je la préviens que sa tête est cramée et que je vais appeler les pompiers, et elle me répond : « Oui, vite, je ne veux pas ressembler à Gollum ! »

Trente minutes après, elle est évacuée pour brûlure sévère.

Il y en a qui aiment couper les cheveux en quatre !

3. ON A RETROUVÉ LE MARCEL

Dans une grande gare de Bourgogne, il est 4 heures du matin et je prends la relève d'un collègue. Je suis debout près de mon train Corail avec couchettes ; de l'autre côté du quai, un train similaire. Un voyageur, en marcel et short, promène son petit chien, puis monte dans le Corail d'en face. Il est l'heure, je siffle.

Une fois le train sur les rails, mon collègue et moi partons faire notre ronde de sécurisation et nous rencontrons une femme complètement affolée : « Monsieur le contrôleur, aidez-moi ! Mon mari, qui est dépressif et sous traitement, a disparu ! Et comme il est suicidaire, je crains le pire ! »

La situation est urgente et grave. Nous lui demandons des renseignements, pour estimer depuis combien de temps il a disparu. « Aucune idée, je dormais. Je me suis réveillée, et il n'était plus là. En plus, il est parti sans rien, tout est là ! » Nous calmons la femme, et allons vérifier chaque compartiment et toutes les toilettes avec elle. Rien. Je téléphone alors au PC central et l'avise de la disparition d'un homme sous traitement lourd, avec des envies suicidaires, et en possible divagation au bord des voies ou dans une gare.

Aussitôt, l'alerte est donnée dans la gare que nous venons de quitter : tout le secteur doit circuler en « marche à vue » (soit au maximum à 30 km/h) et un avis spécial est adressé au contrôleur du deuxième train. La femme est effondrée. Comme nous roulons sans arrêt jusqu'à Paris, mon collègue et moi nous relayons pour maintenir une présence auprès d'elle. Après maints coups de fil, nous apprenons qu'aucune présence n'a été décelée sur les voies et dans la gare, et qu'aucune personne suicidaire n'a été vue dans l'autre train. L'homme a vraiment disparu. Je conseille à sa femme d'aller signaler la disparition au poste de police de la gare de Lyon et, vu sa détresse, je lui promets de l'accompagner.

Arrivés à Paris, alors que nous nous dirigeons vers le poste, la femme me déclare : « Il va se flinguer avec Poupette. Ma chienne n'est plus là ! » Nous retrouvons le contrôleur de l'autre train, qui, prévenu par le central, m'a attendu. Nous rentrons tous dans le poste et expliquons l'histoire aux policiers.

Quelques instants plus tard arrive des bureaux un monsieur en marcel et short, avec un chien, qui, d'un seul coup, explose de rage contre ma voyageuse : « Espèce de garce, tu es partie avec ton amant, avoue ! Je t'ai prise sur le fait, t'étais plus là ! T'as tout pris en plus, tu m'as laissé comme une merde, comme un clochard, sans rien ! » Les policiers s'interposent. Une terrible engueulade commence : le couple est enfin réuni. Notre présence n'étant plus nécessaire, mon collègue et moi sortons.

Dehors, il me raconte : « Lui, il est monté à bord du train et il est allé dans un compartiment qui était vide. Il est venu me trouver pour me demander si j'avais vu sa femme. Quand je lui ai dit que non, il a commencé à s'exciter tout seul en lançant des menaces. Il est parti s'asseoir et je l'ai laissé là. J'ai reçu un coup de fil du PC pour me signaler un potentiel suicidaire dans mon train, donc je suis parti vérifier mes portes et voir si je le trouvais. Pendant mes rondes, il n'avait pas bougé. Je ne pensais pas que c'était lui. Vers la fin du voyage, il est encore venu me voir, pour savoir où était le commissariat le plus proche à l'arrivée. Il me disait qu'il allait déposer plainte pour vol contre sa femme et son amant, et je lui ai moi aussi proposé de l'accompagner. »

Un voyageur n'est pas toujours perdu pour tout le monde.

4. LE DENTIER

Un TGV bondé, en route pour la Provence sous un soleil de plomb. Après le contrôle et la ronde de sécurisation, je discute avec des voyageurs dans la voiture-bar, en attendant mon café. Une vieille dame devant moi commande un thé, des chips et des petits gâteaux auprès de l'hôtesse, qui lui fait remarquer sa gourmandise. La dame lui répond aussitôt : « J'adore ça, mais mon mari ne veut pas que j'en mange ! » Elle paie et s'en va.

Deux heures après, elle vient me voir et, surprise : elle n'a plus de dents ! Elle m'explique tant bien que mal son problème :

« J'ai mangé mes douceurs puis j'ai mis mes dents dans le gobelet fermé pour les nettoyer. Je me suis endormie, mais à mon réveil, mon dentier avait disparu !

— Si je comprends bien, on vous a volé votre dentier ? dans le train ?

— Oui, me répond-elle.

— Le gobelet fermé n'est pas tombé sous le siège ?

— Non, j'ai cherché et *nada* », continue-t-elle.

Je pars sur place avec elle et, en effet, malgré nos recherches, nous ne trouvons rien. J'annonce donc à la dame qu'on lui a certainement subtilisé son gobelet conteneur. Elle regarde d'un œil mauvais une voisine avant de déclarer haut et fort qu'elle déposera plainte à son arrivée. Son mari, à ses côtés, s'y oppose avec virulence. Je laisse le couple à sa dispute et m'éclipse. Tout le long du trajet, je continue de vérifier les poubelles des toilettes et des couloirs, et même les plateformes – au cas où un petit malin l'y aurait jeté.

Bien plus tard, la dame, qui semble toujours en colère, revient me voir. Je tente de la calmer, je lui explique que j'ai cherché partout sans résultat : il ne lui reste plus qu'à porter plainte. Elle me répond du tac au tac :

« C'est plus la peine. Je l'ai retrouvé. Je sais qui me l'a pris.

— Ah bon ?! C'était qui ? Un autre voyageur de votre voiture ? Je peux aller lui remonter les bretelles si vous voulez !

— Même pas, c'était mon abruti de mari !

— Vraiment ? Mais pourquoi ?

— Tout simplement pour que je ne grossisse pas. Comme je me suis acheté des sucreries, il a profité de mon sommeil pour planquer le gobelet. Il avait peur que j'aille me racheter autre chose. Heureusement que je n'ai accusé personne !

Rassurez-vous, il va le payer cher, le Raymond, très cher ! »

Après sa déclaration d'ouverture des hostilités, elle s'en va. Le mari, qui était non loin, me dit en passant :

« Désolé, monsieur le contrôleur, pour le dérangement, vraiment.

— Il n'y a pas de soucis, l'important, c'est que le dentier ne soit pas perdu ! Maintenant, reste plus qu'à vous faire pardonner par votre femme, lui dis-je, amusé.

— Je crois que ça va être dur, elle demande le divorce… », me répond-il alors, d'un air désespéré.

Il vaut mieux une comédie de molaire qu'une tragédie de racine !

5. LA MOUMOUTE

Dans un train complet en direction des stations de ski, je fais ma ronde habituelle.

Alors que le voyage est bien entamé, un voyageur, au gros bonnet enfoncé jusqu'aux oreilles, s'approche. Il me demande si l'on peut se parler en privé. Je lui réponds d'un air grave :

« Bien sûr, vous avez un souci à bord ?

– Oui, on m'a pris un objet personnel, sensible, très important pour moi. »

Pensant qu'il s'agit du vol d'un objet de valeur, j'enquête :

« On vous a pris quoi, exactement ? Votre portefeuille ? un ordinateur ? un téléphone ?

– Non, c'est plus intime. On m'a piqué mon implant capillaire ! me répond-il, gêné, après une hésitation.

– Et quand cela s'est-il produit ? lui dis-je en me retenant de rigoler.

– Je n'en sais rien, je dormais, et quand je me suis réveillé, je ne l'avais plus. Il faut vraiment que vous m'aidiez, c'est une question de vie ou de mort !

– C'est important pour vous, OK. On va la chercher. Par contre, je ne vous garantis pas qu'on retrouvera votre moumoute. Si on vous l'a volée, la personne peut la détenir dans un sac et on ne fouillera pas six cents personnes pour ce motif, désolé. Aucun policier ne viendra bloquer un train pour ça et nous autres, contrôleurs, nous n'avons pas le droit de fouiller quelqu'un...

— Vous ne comprenez pas, j'en ai absolument besoin ! me dit le voyageur au bord de la panique. J'ai rencontré quelqu'un sur un site internet. Je dois la retrouver à l'arrivée. Elle ne sait pas que j'ai un implant. Elle va penser quoi, en me voyant avec cette tête ? »

Effectivement, deux boules de cheveux sur les côtés, style caniche, avec un crâne complètement pelé, ce n'est pas idéal. Nous partons donc chercher son implant : plateforme après plateforme, voiture après voiture, nous fouillons les poubelles, les toilettes, autour des valises. Rien.

Alors j'improvise : je lui propose des ciseaux pour qu'il se coupe ce qu'il lui reste de cheveux. Devant son rendez-vous, il pourra par exemple prétendre avoir perdu un pari... À situation désespérée, mesure désespérée : il entre dans les toilettes et en ressort cinq minutes plus tard, sans bonnet. Résultat : ce n'est pas un premier prix de coiffure, mais c'est quand même bien mieux que sans moumoute !

Il faut de l'humour dans un train, surtout quand on a la raie… partie !

6. JE VOIS LA LUMIÈRE

Dans un TGV vers le Sud, à proximité de Mâcon, des voyageurs viennent me voir. Ils veulent changer de place : un passager leur fait peur. Selon eux, il parle tout seul, prie à haute voix et interpelle tout le monde. Un peu dubitatif mais pas si étonné, je les suis. Là-bas, en effet, un énergumène se lance dans une diatribe hallucinante : « Mes frères, mes sœurs, vous êtes dans l'erreur. Adorez le Seigneur, le vrai Dieu. Priez avec moi... »

Voyant que la plupart des passagers sont gênés, je demande à l'homme de venir avec moi sur la plateforme. Là, je vérifie qu'il est en règle, ce qui est le cas. Le regardant droit dans les yeux, je lui dis :

« Écoutez monsieur, vous n'avez pas le droit de faire ce que vous avez fait. C'est un trouble à l'ordre public. Vous devez respecter les gens, leurs croyances, et en aucun cas les forcer. Vous allez cesser d'agir comme ça et laisser tout le monde tranquille, sinon je devrai venir vous voir de nouveau et ça ne sera plus un avertissement, vous avez compris ?

— La loi de Dieu est au-dessus de celle des hommes. Je dois sauver mes frères de la perdition, de cette vie matérialiste destinée à suivre le Malin. Ils doivent sentir la présence de Dieu et suivre Ses commandements !

— Écoutez monsieur, les gens ont payé pour être transportés sans être ennuyés. En aucun cas, je ne vous laisserai les enquiquiner encore une fois. Soit vous vous calmez, soit vous venez avec moi à la voiture-bar ! »

Sans prévenir, l'illuminé part d'un pas décidé vers le bar ; une fois arrivé, il se met à genoux et proclame sous les yeux ébahis des passagers présents : « Seigneur, accorde-moi Ta grâce. Ô, mon Dieu, je vois Ta lumière ! »

Voyant que la situation n'évolue pas, mon collègue et moi éloignons les voyageurs les plus proches, prévenons notre PC de la situation à bord et demandons un soutien policier avec des pompiers ; malheureusement, personne ne peut intervenir dans l'immédiat. Comment faire descendre ce fanatique sans danger pour lui et les autres ? Alors que je me creuse les méninges, j'aperçois derrière les vitres du train le palais des Papes d'Avignon – et là, j'ai une idée, un éclair de génie.

Pendant que mon collègue fait l'annonce d'arrivée à Avignon, je me tourne vers l'étrange passager et entame la conversation :

« Vous avez vu la lumière ?

— Oui, c'est magnifique !

— Dans ce cas, vous n'avez plus le choix, vous devez vous rendre à la maison de Dieu pour prier !

— La maison de Dieu ?

— Oui, l'ancien palais des Papes, à Avignon. Sur place, vous serez encore plus proche de Lui et Il entendra mieux vos prières. Justement, au prochain arrêt, vous ne serez pas loin. Vous en pensez quoi ?

— Oui, vous avez raison, je vais faire ça. »

Le train arrive ; dès que la porte s'ouvre, notre homme sort et part tranquillement. À bord, c'est le soulagement. Pendant que nous redémarrons, j'avise tout de même le collègue de la gare qu'un illuminé rôde, en lui résumant rapidement les faits.

Le seul chef et maître à bord, c'est le contrôleur !

7. L'AMOUREUSE BERNÉE

Au cours d'un trajet, une femme d'une soixantaine d'années vient nous voir : quelqu'un aurait fait un malaise dans les toilettes et demande de l'aide. Trousse de secours à la main, nous nous rendons *illico* à la plateforme de la voiture 6. Nous toquons à la porte, demandant si tout va bien. De l'autre côté, on entend un bruit étrange, puis une voix de femme : « Oui, je suis là. Aidez-moi, je suis coincée ! »

Soulagés de l'entendre – elle n'est donc pas évanouie –, nous lui annonçons que nous allons débloquer la porte. Un coup de clé, le battant s'ouvre, et nous tombons « nez à nez » avec le postérieur de la prisonnière, qui est nue, et menottée à la barre d'aide des toilettes ! Trop surpris pour dire quoi que ce soit, nous restons muets, et c'est elle qui nous ramène sur Terre en s'énervant : « Dépêchez-vous, bordel, je ne vais pas rester comme ça deux heures, détachez-moi ! »

Nous remercions la femme qui nous avait alertés, avant de l'éloigner, pendant qu'elle maugrée : « Je suis vraiment outrée. Les gens font n'importe quoi de nos jours. »

De notre côté, nous apprenons que la femme menottée n'a pas les clés du cadenas – ce que mon collègue résume simplement par un : « On est dans de beaux draps ! »

Après avoir tiré légèrement la porte, pour ne pas être vus, nous continuons de parler avec la femme, jusqu'à arriver à la question fatidique : « Mais comment vous avez fait pour vous retrouver comme ça ? Est-ce qu'il y a quelqu'un de dangereux dans le train ? » Elle répond simplement que non, aucun danger, mais ne développe pas plus.

Mon collègue s'éloigne pour prévenir les secours pendant que j'annonce aux voitures voisines que la descente devra se faire par les plateformes adjacentes en raison d'une intervention des pompiers. Puis nous revenons vers la femme menottée pour lui expliquer la situation : les pompiers interviendront au prochain arrêt.

« Je suis vraiment stupide. J'étais assise à ma place et un homme est venu s'asseoir à côté de moi. On a discuté. Il était très sympa et séduisant. Le courant passait bien entre nous. Sur un coup de tête, je lui propose qu'on aille ensemble aux toilettes. Comme une cruche. Je lui fais la totale, je mets même les menottes que j'avais dans mon sac, et voilà que le gars se barre avec la clé, mes fringues et mon sac à main. Je fais comment maintenant ? Mon mari doit venir me chercher à la gare ! »

Nous lui signalons qu'elle doit impérativement changer les verrous de son domicile, faire opposition auprès de sa banque et appeler son mari pour lui demander d'apporter des vêtements. Sur ce dernier point, elle désespère : « Il ne va pas comprendre ! Il va demander le divorce !... »

Nous arrivons enfin à la gare. Les pompiers montent, nous leur ouvrons la porte : eux aussi sont ébahis ! Une fois la sidération passée, chacun tente de couper les menottes avec une petite pince-monseigneur. Lorsque vient le tour du troisième, la femme s'agace : « Arrêtez de vous rincer l'œil et détachez-moi ! Ne me dites pas que les pompiers ne savent pas se servir d'une pince-monseigneur ! »

Il n'en fallait pas plus : clac ! la chaîne des menottes est coupée. La femme, enveloppée dans deux couvertures de survie, est évacuée par les pompiers sur un fauteuil roulant, vers un avenir qui s'annonce bien gris.

L'amour, quand on s'attache trop,
ça peut vous emprisonner !

8. DU FIL ET UNE AIGUILLE

Peu après le départ du train, un monsieur en costume s'est endormi dans son fauteuil. Il a le sommeil tellement agité que la poche de son pantalon se prend dans l'accoudoir sans qu'il s'en rende compte. À son réveil, il se lève et crac ! Voici la poche et le côté du pantalon complètement déchirés.

C'est son voisin de couloir qui vient me trouver et me raconter l'histoire.

Ni une ni deux, sur la plateforme, je prends le combiné et j'entame une annonce insolite : « Mesdames, messieurs, votre attention s'il vous plaît. Un accident domestique banal sur notre train nécessite l'intervention d'une couturière ou d'une personne ayant le nécessaire pour coudre, en voiture 2. Vous y serez accueilli avec beaucoup de gratitude par un monsieur dans l'embarras. Merci de votre attention. »

Cinq minutes plus tard, une jeune femme se présente et je la dirige vers le monsieur, qui, très gêné, tend son pantalon dans l'embrasure de la porte des toilettes où il s'est réfugié. La couturière s'y met, et tapote à la porte quinze minutes après, le travail accompli.

Le monsieur ressort, ravi et, pour remercier sa sauveuse, l'invite à boire un verre au bar. Les voilà discutant sans gêne, complices de cette situation impromptue.

Environ six mois plus tard, ce monsieur dont j'avais oublié le visage me reconnaît et vient vers moi pour me remercier de nouveau. En rigolant, je lui fais remarquer qu'il devra faire attention les prochaines fois, car il n'aura pas toujours la chance d'avoir une couturière dans les parages.

« Plus besoin, la couturière sera toujours là, me répond-il alors d'un air satisfait.

— Comment ça, la couturière est là ? Celle de l'autre fois ?

— Oui, plus de risques. Elle voyage avec moi maintenant. Je l'ai épousée ! »

Une couturière sur mesure peut aussi tisser le fil de l'amour !

9. DOUBLE VIE

Après une ronde de sécurisation, je commence le contrôle et me retrouve face à une jeune femme, à qui je demande comme aux autres son titre de transport. Remarquant qu'elle a un billet à tarif réduit, je lui demande sa carte de réduction, mais constate qu'elle est au nom de « Jean-Pierre ». La photo est celle d'un homme. Je lui fais donc remarquer qu'elle s'est trompée de carte. Elle me dit : « Non, non, c'est bien moi. » Suspicieux, je lui demande sa pièce d'identité, mais elle aussi est au nom de « Jean-Pierre ». Voyant ma confusion, elle écarte alors sa perruque pour me montrer que oui, c'est bien Jean-Pierre qui est dessous, qu'il s'est juste travesti.

À ce moment-là arrive dans la voiture une femme, telle une tornade : « C'est ça que tu appelles monter à Paris pour le boulot ? C'est quoi, cet accoutrement ? »

Notre Jean-Pierre, qui ne s'attendait visiblement pas à la voir, bredouille :

« Chérie ? Mais qu'est-ce que tu fous là ? Tu me suis ?

— Bien sûr que je te suis, tu me prends pour qui ? Il n'y a pas de séminaire le week-end à Paris !

C'est pour ça que tu montes à Paris les vendredis et samedis, pour te déguiser en travelo ?

— Retourne à la maison, ça ne te concerne pas, continue-t-il, embarrassé.

— Ça ne me concerne pas ? Je te signale qu'on est mariés, qu'on a des enfants. Tu peux me dire d'où sortent ces fringues ? Depuis quand tu te déguises ? Je dois savoir ! »

Effondrée, elle se réfugie sur la plateforme et me confie :

« Cet enfoiré m'a menti. Ça fait dix-sept ans qu'il ment. Ça fait dix-sept ans qu'il va se prostituer au bois de Boulogne ou dans des clubs privés. C'est pour ça qu'il voulait s'occuper des papiers à tout prix. Sa boîte, ses prétendus rendez-vous, sa vie... Tout est faux. Non mais je vais dire quoi aux enfants, à nos amis, à mes parents ?

— Que comptez-vous faire ?

— Moi ? Déjà, qu'il récupère ses affaires et qu'il dégage. Après, je brûle le lit. »

La vie c'est beaucoup de problèmes. La double vie c'est la même chose, multiplié par deux !

10. TRANSPORT DE BÉBÉ

Le train va bientôt partir, j'accueille les voyageurs en arpentant le quai de la gare. Au passage, je croise une femme seule avec un bébé. Plus loin, je décide de faire demi-tour, et je vois à nouveau la femme – cette fois, sans bébé. Étonné, je jette un œil autour de moi avant de regarder par la vitre de la voiture, où je vois le bébé posé sur un siège enfant, tout seul.

Je me retourne et interpelle la femme, qui m'ignore. Je la rattrape et lui indique que le bébé est tout seul et qu'elle doit rester avec lui. Elle me répond, d'un ton désinvolte : « Ne vous en faites pas. Elle a l'habitude. Ma mère va la récupérer à l'arrivée. »

Mon sang ne fait qu'un tour.

« Écoutez madame, vous avez trois choix : soit vous voyagez avec elle, soit vous repartez avec elle, soit j'appelle la police. À vous de choisir, et vite ! lui dis-je, cinglant, en sortant mon téléphone.

— Vous êtes pas cool, franchement. Je fais comment moi ? Je dois aller bosser ! s'emporte-t-elle.

— Je ne suis pas là pour être “cool” mais pour transporter mes voyageurs en sécurité. Il est hors de question que la môme voyage seule, alors faites vite.

— Vous me foutez dans la merde, vous vous en rendez compte ?

— Je ne crois pas, madame, c’est la petite que *vous* mettez dans la merde. Vous êtes inconsciente ou quoi, de laisser un bébé seul dans un train ?! »

Excédée, elle récupère la petite et repart. Encore choqué par la scène, j’avise une patrouille de police présente dans le hall, qui s’occupe de son cas.

Il faut être adulte et ne pas faire l’enfant !

11. VIVE LA MARIÉE

Dans une voiture, une famille est installée dans un carré. D'un côté les parents et, en face, une petite fille et un jeune garçon qui semble turbulent. Derrière le garçon, une jolie jeune femme qui lit un magazine de mode.

Le voyage se passe tranquillement quand, subitement, un voyageur vient me trouver pour me dire que des passagers sont en train de se disputer et qu'ils risquent d'en venir aux mains. Immédiatement, je m'y rends.

Sur place, je trouve la jeune femme en pleurs, en train de hurler sur les parents. Sa chevelure présente des trous, comme des îlots de pelade. Elle a les cheveux très courts. On croirait qu'elle a passé sa tête sous une tondeuse. Un désastre.

La maman se confond en excuses, le papa, lui, demande des preuves que c'est bien son fils qui a fait ça.

Désirant savoir de quoi il retourne, je demande à la jeune femme ce qui s'est passé.

« J'ai fait un petit somme et, à mon réveil, j'ai vu plein de cheveux sur mes cuisses, sur le siège, sur mes épaules. J'ai pris mon miroir et j'ai vu qu'on m'avait tondue ! Derrière moi, le gamin avait encore les ciseaux à la main et il souriait ! Vous vous rendez compte ? Je me marie dans trois jours ! »

Sur le siège du garçon, des cheveux. Comme preuve, il n'y a pas mieux. Restent les aveux. Je me mets à hauteur du garçonnet et lui dis :

« Tu sais qui je suis ? Je suis le contrôleur du train et j'ai besoin de savoir ce qui s'est passé. Ne t'inquiète pas, il ne t'arrivera rien. Je veux juste la vérité.

— Eh ben maman m'a donné, à moi et Marie-Clotilde, du collage et des devoirs à faire. J'ai tout fini avant ma sœur. J'ai pris une feuille pour faire du découpage mais après, j'en n'avais plus. Comme je m'ennuyais, je me suis tourné et j'ai voulu faire comme le coiffeur de maman. »

Voilà l'aveu. La jeune femme est complètement effondrée : « Je suis censée me marier dans trois jours et regardez, j'ai été massacrée. Je ne peux plus me marier à présent. Soit je me rase le crâne, soit je mets une perruque et il est hors de question que j'en mette une. Ils ont gâché le plus beau jour de ma vie. Je veux déposer plainte, ils vont payer ! »

Tout ce petit monde descend à l'arrêt suivant et nous repartons, non sans avoir souhaité courage... et félicitations par avance à la jeune femme.

Se faire des cheveux blancs avant le mariage... on n'imagine pas après !

12. LA MOBYLETTE

Dans une gare de province, mon TGV arrive. Je me poste devant la porte pour observer le quai. J'aperçois quelqu'un sortir de derrière une haie et s'engouffrer dans le TGV avec une Mobylette. Je fonce.

La personne est en train de mettre son vélomoteur dans le train. Je lui ordonne de le sortir immédiatement. Il me dit : « Ah ouais, y en a qui transportent des trucs, des sacs et moi je ne peux pas transporter ma mob tranquille ? J'ai le droit de transporter ce que je veux ! Vous vous prenez pour qui ? »

Je lui indique que notre train est un train de voyageurs, pas de fret, et qu'il est interdit de transporter une Mobylette qui, a un réservoir contenant de l'essence, laquelle est une matière dangereuse. Je lui intime l'ordre de la sortir du train. Il refuse à nouveau.

Je fais signe à un collègue et lui expose la situation. Il appelle immédiatement les forces de l'ordre.

Nous avons déjà trente minutes de retard. La police arrive enfin, mais l'intervention tourne au vinaigre : le propriétaire de la Mobylette tape dans tous les sens. Il est finalement plaqué au sol et menotté par les policiers. Quant à sa Mobylette, elle est prise en charge par la sécurité et déposée devant la gare. Nous pouvons enfin repartir.

Nous avons pris quarante-cinq minutes de retard.

Comme le port du casque est obligatoire, en voilà un qui va « casquer » !

13. LES SARDINES

Deux heures après le départ, un voyageur vient trouver le contrôleur. Il lui signale qu'un passager est en train d'infecter toute la voiture en faisant des toasts de poisson. Aussitôt sur place, le contrôleur constate qu'en effet ça empeste. De la fumée plane sur un carré. Un voyageur avec un toaster fait griller du poisson. Le contrôleur lui demande des comptes :

« Ben, je me fais à manger. C'est trop cher au bar, alors j'ai prévu. Je suis un malin, moi !

— Monsieur, non seulement vous incommodez tout le monde avec l'odeur de votre repas, mais en plus c'est interdit, les grillades à bord d'un train. Vous devez éteindre votre appareil et le débrancher. Les prises sont prévues pour un téléphone ou un ordinateur, pas pour faire des grillades.

— C'est marqué où sur la prise que c'est interdit ? C'est une prise, non ? Donc c'est mis à ma disposition pour y brancher ce que je veux ! »

Un autre voyageur intervient :

« Il faut arrêter ça, c'est plus possible. Je ne paie pas un billet de première pour sortir du train en puant la morue !

— C'est un comble, on n'a plus le droit, en France, de manger ce qu'on veut !

— Je ne vous interdis pas de manger mais de griller des aliments, soit de brûler quelque chose à bord. Ce n'est pas interdit de laver son linge que je sache, pourtant on ne vient pas avec sa machine à laver pour le faire dans un train. »

Résigné, il éteint l'appareil, le débranche et sort ses sardines complètement carbonisées et en morceaux, qu'il dispose sur une assiette en carton.

L'odeur est tellement forte que le contrôleur replace les autres voyageurs dans les autres voitures. Quant au voyageur à la sardine, il sera verbalisé.

Comme disait Pierre Dac :
« Les tsars dînent à l'huile ! »

14. TRANSPORT D'AFFICHES

Nous sommes à quai, à Paris. Quinze minutes après l'affichage de la voie, le contrôleur, alors en phase d'accueil pour accueillir et guider les voyageurs, aperçoit un attroupement à la porte d'une voiture. Sur place, une quantité énorme de cartons empêche le passage. Ils montent jusqu'au plafond.

Alors qu'il demande à qui appartiennent ces cartons, personne ne se manifeste. Aucun nom, pas d'étiquettes. Le chef de bord réitère sa demande au micro. Apparaît alors un homme qui vient expliquer que c'est à lui.

« Vous savez qu'un voyageur est limité en termes de bagages ? Vous êtes limité à trois bagages ou valises. Or, des cartons ne sont pas des valises, mais bon, admettons, mais là, c'est impossible. Un ou deux, je veux bien, mais là... Y a combien de cartons en tout ?

— Je crois trente-quatre, ils sont à un ami !

— Trente-quatre cartons ! Mais c'est un déménagement ! Monsieur, pour transporter tous vos cartons, cela vous coûtera ce montant. Soit vous réglez ce montant, soit vous descendez avec tous les cartons.

— Mais je ne peux pas descendre, je dois les vendre sur la plage !

— Appelez votre ami et dites-lui de venir chercher ses cartons. Vous avez quinze minutes. »

Commence un va-et-vient vers le quai. L'équivalent de trois palettes est sorti. Alors que le monsieur vient à peine de finir de tout descendre, les forces de l'ordre se présentent et, après l'explication des faits, les prennent en charge, lui et son stock.

Pour l'amende, ce genre de chose, c'est carton plein !

15. ERREUR DE VALISE À TOULON

« Notre train arrive en gare de Toulon... » Terminus, tout le monde descend. Sur le parvis, le contrôleur s'arrête fumer une cigarette. Près de lui, une femme, la quarantaine, attend. Elle a le visage fermé. Arrive à sa rencontre un homme avec une valise. Il est souriant. Les retrouvailles se passent bien : « Tiens, chérie, je t'ai rapporté un cadeau de Paris. Je te dois bien ça après mon départ précipité. Tu vas voir, ça va te plaire. »

Un genou à terre, il ouvre la valise et reste comme hypnotisé par son contenu : ce ne sont que des vêtements de femme ! L'épouse explose :

« C'est ça, ton urgence professionnelle ? C'est ça, ton cadeau, m'apprendre que tu as changé de bord ?! Je savais que tu manigançais un truc. Je comprends maintenant pourquoi tu voulais venir avec moi faire les magasins, c'est pour faire un repérage pour tes futures fringues de dépravé !

— Mais ce n'est pas à moi, je te jure ! Crois-moi, bon sang ! »

La scène de ménage s'envenime. À ce moment-là, une femme fonce sur le couple en criant : « Arrêtez ! Ce sont mes affaires ! »

Elle a une valise identique… Selon toute vraisemblance, il y a eu erreur ! Chacun a pris la valise de l'autre. Elle commence à ramasser ses vêtements et apostrophe la femme :

« Ça ne va pas de jeter mes affaires par terre ! Vous êtes dingue ou quoi ? Vous n'avez pas vu que ce n'était pas votre valise ? »

La femme se tourne alors vers son mari : « Ah, j'ai compris… C'est la valise de ta maîtresse ! Et tu oses venir avec elle ! »

Ni une ni deux, elle colle une gifle magistrale à la femme, qui lui rend son coup. Les deux se crêpent le chignon, se giflent, se tirent les cheveux. Les agents de sécurité de la gare et le contrôleur interviennent pour les séparer. La colérique est hors d'elle. Le monsieur va s'excuser auprès de l'autre femme, qui l'envoie sur les roses. Elle finit de ramasser ses affaires, les met en vrac dans sa valise et s'éloigne tout en les injuriant. L'homme, lui, retourne voir sa compagne, qui s'exclame : « Ta copine est partie et maintenant tu reviens vers moi ? Dégage ! Je rentre, je prends mes affaires et je vais chez ma sœur. C'est terminé ! »

Là-dessus, elle tourne les talons et part.

Encore un qui va « faire ses valises » !

16. LEÇON D'HYGIÈNE

Après plusieurs arrêts, le contrôleur décide de faire une ronde de sécurisation dans le train Corail. Le prochain arrêt est encore loin. Alors qu'il effectue sa surveillance, il passe près des toilettes, quand il entend :

« À l'aide, aidez-moi !

— Il y a quelqu'un ?

— Oui, au secours, aidez-moi !

— Reculez, j'ouvre la porte ! »

Il déverrouille la porte et assiste à un spectacle hallucinant. Un monsieur, de profil, se tient au-dessus des toilettes. Ne voyant pas sa jambe, le contrôleur croit d'abord que celui-ci a perdu sa prothèse, puis, en se rapprochant, il se rend compte que la jambe est coincée dans la cuvette !

« Mais que s'est-il passé ?

— Rien, j'ai voulu me rincer les pieds et hop, ça a glissé !

— Pardon ? Vous avez voulu vous rincer les pieds dans les toilettes ? Mais c'est sale ! Tout le monde fait là-dedans et vous, vous y plongez votre pied ? Mais vous êtes fou !

— Mais non, le produit dedans désinfecte ! »

À deux, ils essaient de sortir la jambe de là, mais rien à faire. Coincée.

Le contrôleur s'inquiète : l'évacuation se faisant sur les voies, il est possible que cela ait un effet d'aspiration sur la jambe. Il demande donc qu'on lui envoie des secours dans la gare la plus proche.

À quai, les secours font leur possible pour retirer de force la jambe de la cuvette. Le monsieur hurle. Les pompiers n'ont d'autre choix que de démonter le bloc des toilettes en un temps record.

Au vu de la tournure des événements, les voyageurs sont priés de prendre un autre train.

Le contrôleur apprendra plus tard que le Samu est finalement lui aussi intervenu sur cette affaire.

Il faut savoir couper court pour sauver une vie…

17. LE PRÉTENTIEUX CLAQUÉ

C'est le printemps, il fait beau. Le voyage se passe bien quand un jeune homme de 25 ans environ, casquette et grosses Ray Ban sur la tête, se présente auprès du contrôleur :

« Monsieur le contrôleur, vous devez intervenir ! J'ai été agressé !

— Où ça ? Dans le train ? Par qui ? s'inquiète le contrôleur.

— Je parlais à une femme et elle m'a giflé. Ce n'est pas normal de se faire agresser dans le train. J'exige que vous interveniez immédiatement. Elle a même failli me casser mes lunettes !

— Montrez-moi où et qui. »

Ils se rendent sur place et le jeune homme pointe du doigt une femme d'une quarantaine d'années, en tailleur BCBG. Le contrôleur dit au jeune homme de l'attendre sur la plateforme et se rend auprès de la femme :

« Vous avez eu un problème avec le jeune homme là-bas, qui dit que vous l'avez giflé. Je peux savoir ce qui s'est passé ?

— C'est simple. J'étais tranquillement en train de consulter mon téléphone quand il est venu s'installer en face de moi et m'a posé plein de questions personnelles. Comme je n'ai pas voulu lui répondre, il m'a dit : "Vas-y, t'es moche, mais c'est pas grave t'es bonne, alors donne-moi ton *phone*." Je lui ai rétorqué : "Ça va pas, non ! Foutez-moi la paix !" Là, il s'énerve, me saisit le poignet qui tient le téléphone et me dit en me regardant : "J'ai pas l'habitude qu'on me jette. Tu te prends pour qui ?" C'est alors qu'est intervenu le monsieur là-bas [elle montre un homme costaud]. Du coup, le jeune homme m'a lâchée, tout en continuant à m'insulter, puis il est sorti. »

Le contrôleur se retourne vers le monsieur musclé, qui confirme les événements. Le contrôleur fait demi-tour vers la plateforme, suivi du grand costaud :

« Dites-moi, y a des faits que vous ne m'avez pas signalés, comme avoir insulté ou saisi cette femme auparavant par le poignet. Je n'apprécie absolument pas ce type d'acte à bord de mon train. Madame ne veut pas déposer plainte, alors maintenant vous allez vous asseoir dans une voiture voisine et que je n'entende plus parler de vous, est-ce clair ?

— Non mais oh, je vais postuler à “The Voice”, je suis une future star, je me fais gifler et vous ne faites rien ?

— Écoutez-moi bien, monsieur, et je ne le répéterai pas. Allez-vous asseoir. Cette dame n’a rien demandé avant que vous veniez la questionner puis l’insulter publiquement et la saisir par le poignet. On appelle ça de la “coercition”, c’est interdit de tenir une personne contre sa volonté. Cette dame a tout à fait le droit de se défendre, et surtout de se dégager si vous la maintenez de force. Vous pouvez déposer plainte, mais que croyez-vous que le juge dira quand il découvrira votre comportement ? Il vous déboutera. Maintenant, asseyez-vous et faites-vous tout petit parce que si jamais vous récidivez, j’appelle les flics moi-même, et là, je parlerai de ce que vous avez fait. C’est compris ? »

Alors intervient le grand costaud, qui dit au contrôleur, avec un accent des pays de l’Est : « Vous vouloir que je contrôle lui ? Je suis légionnaire. Moi pas aimer comment lui traiter les femmes. Si lui recommencer, moi le casser en deux », dit-il, en lançant un regard terrible au jeune homme et en mimant la cassure d’une branche.

Le jeune homme blêmit.

« Non, monsieur, pas besoin. Monsieur a compris, et je pense qu'il va se tenir tranquille à présent, n'est-ce pas ? », répond le contrôleur en regardant le jeune homme – qui dit « oui » silencieusement.

On se laisse convaincre plus facilement par les arguments d'un gros costaud !

18. LA MAMIE DÉLATRICE

Après le contrôle, le chef de bord part faire sa ronde. Il entre dans une voiture de première classe. Au milieu de la voiture, il est arrêté par une mamie qui lui demande tout haut de faire cesser certains agissements : « Écoutez, je suis vice-présidente d'une petite association pour le retour aux bonnes mœurs et aux bonnes manières, et ici, il se passe plein de choses que je n'approuve pas. Vous voyez le gros là-bas, il ronfle trop fort et ça me dérange, le blond côté fenêtre là-bas, il a téléphoné à sa maîtresse quand sa femme est partie aux toilettes, et eux, leur chien sent mauvais. Vous devez soit les déplacer, soit me trouver une autre place. »

Aussitôt, le ton monte dans la voiture. Les voyageurs incriminés élèvent la voix. L'homme au téléphone se dispute avec sa femme tout en invectivant la mamie.

Le contrôleur demande à chacun de se calmer. Voyant que la situation risque de dégénérer, il prend la décision de déplacer la mamie. Les passagers de la voiture approuvent cette décision tout en continuant à maugréer.

Le contrôleur « exfiltre » donc la mamie dans la voiture voisine.

D'un coup, elle s'exclame :

« Ah ben voilà, je vais pouvoir sortir Georges de sa cachette !

— Pardon ? Qui est Georges ? demande le contrôleur, surpris.

— Ben, mon chihuahua ! J'ai dû l'enfermer, car il ne supporte pas de voir du monde. Ça le traumatise. Je veux l'éduquer comme il se doit. Les gens sans éducation ne doivent pas lui servir d'exemple.

— Ôtez-moi d'un doute. Vous avez fait tout ce cirque juste pour vous retrouver, vous et votre chien, seuls dans une voiture ?

— Je suis vraiment vice-présidente et ce qui s'est passé là-bas est terrible. Ces gens sont sans éducation, sans aucune bonne manière et, concernant Georges, je ferais tout pour lui éviter un choc émotionnel.

— Vous savez, madame, vous m'auriez demandé tout simplement de pouvoir changer de place, je vous l'aurais donné avec plaisir, ce siège. Il n'y avait aucun besoin de mettre le souk dans une voiture pour ça. Ne refaites plus jamais ça, vous risqueriez de vous trouver dans une situation ennuyeuse, si vous tombez face à de grands nerveux…

— Je sais. Mais il fallait qu'ils sachent. »

La zizanie demande parfois beaucoup d'expérience…

19. UNE BELLE-MÈRE À PARIS

Nous sommes partis de Paris depuis une heure quand se présente au contrôleur un monsieur visiblement gêné :

« Bonjour monsieur, j'ai un gros souci et vous êtes le seul à pouvoir m'aider.

— Bonjour, dites-moi quel est ce problème ?

— Euh, comment vous dire, ben je crois que j'ai oublié ma belle-mère à la gare.

— Comment ça “oublié” ? Vous l'avez laissée où ?

— Sur le quai.

— Comment vous avez fait votre compte ? J'ai pourtant fait l'annonce et sifflé. Vous n'avez rien entendu ?

— On était sur le quai à attendre le départ du train. J'étais plongé dans mon tournoi de poker sur mon téléphone. J'avais un bon jeu, un brelan, et c'était le moment de relancer quand ça a sonné. J'ai sauté dans le train et j'étais tellement absorbé que j'ai oublié ma belle-mère.

— Qui a les billets ?

— Moi.

— Voyons ça… OK, donnez-moi le nom de votre belle-mère, s'il vous plaît. Je vais appeler Paris pour voir ce qu'on peut faire. »

Après avoir recueilli l'identité de la femme, le chef de bord téléphone à l'escale de Paris, qui lui dit : « Effectivement, elle est devant nous. Elle est sacrément en colère. Elle appelle sa fille en ce moment. »

On parvient après certaines vérifications à lui établir un titre pour la placer dans le prochain train. Le contrôleur avise le voyageur de la prise en charge de sa belle-mère, de l'arrivée de celle-ci deux heures plus tard. Quarante-cinq minutes après réapparaît le monsieur :

« Monsieur le contrôleur, faut que vous parliez à ma femme !

— Pourquoi ? Votre belle-mère a bien été prise en charge, non ? Y a-t-il un autre souci ?

— Non, pas pour elle, mais pour moi ! Ma femme est en train de se venger parce que j'ai oublié sa mère à la gare ! Elle est en train de faire bouillir mes disques de Johnny ! J'ai dépensé une fortune pour les avoir et elle est en train de tout détruire !

— Écoutez monsieur, je suis contrôleur, pas conseiller matrimonial. Votre vie privée ne me regarde pas. Je comprends votre réaction, mais je ne vois pas ce que je pourrais faire. Tentez de dialoguer avec elle !

— Elle refuse de répondre. Elle brûle tout dans la cheminée et elle a pris les disques, les a mis dans une marmite pour les faire bouillir. C'est toute une collection qui disparaît !

— Je suis navré monsieur, mais je ne peux rien faire. Désolé. »

Le voyageur, aux yeux mêlés de colère et de larmes, s'en va.

Arrivé à Toulon, le contrôleur prévient l'agent d'escale des faits et d'un possible débordement, ainsi que de l'arrivée par le prochain train de la belle-maman. L'agent d'escale s'exclame : « Ça promet ! »

***Contrairement à un train,
qui peut en cacher un autre,
une belle-mère ne peut pas
en cacher une autre !***

20. LA JVS ÉGARÉE

Le train est un direct pour Marseille. Tout va bien. Les chefs de bord préparent leurs appareils pour entrer en phase de contrôle quand se présente une accompagnatrice Jeunes voyageurs services (service permettant le transport d'enfants non accompagnés) :

« Monsieur le contrôleur, j'ai un problème !

— Bonjour, quel est votre problème ?

— J'ai un enfant en trop ! La petite m'a dit que son papa l'a déposée dans la voiture suivante et lui a demandé de nous rejoindre par l'intérieur, ce qu'elle a fait. Le hic, c'est qu'elle va à Avignon et pas nous ! dit-elle en tendant la fiche de la petite fille.

— Restez auprès de l'enfant, je m'en occupe. »

Le contrôleur appelle les grands-parents de l'enfant :

« Allô, bonjour madame, je suis contrôleur d'un TGV et j'ai à mon bord la petite Justine, votre petite-fille. Je vous rassure, tout va bien. On a juste un souci : elle est dans le mauvais train. Nous sommes direct pour Marseille et elle va à Avignon. J'ai avisé mon central, qui me demande si vous pouvez aller la récupérer à Marseille…

— Non, nous ne sommes pas véhiculés. On ne pourra pas se rendre là-bas. Pour cela il va falloir voir ça avec ma fille et son mari. Ils sont en instance de divorce et c'est compliqué.

— OK, je vois. Pouvez-vous me donner le numéro de téléphone de votre fille dans ce cas ? Je vais voir avec elle. »

Il appelle aussitôt :

« Bonjour madame, je suis contrôleur du TGV qui a votre fille Justine à son bord. Je vous rassure, elle va bien. On a juste un problème de destination. Nous allons directement à Marseille alors que votre fille doit descendre à Avignon. C'est visiblement son père qui aurait déposé la petite dans le mauvais train. J'ai appelé vos parents, qui devaient la récupérer, mais comme ils ne peuvent pas se déplacer, ils m'ont renvoyé vers vous.

— À tous les coups, il est arrivé en retard, a posé Justine dans le premier groupe qu'il a vu avant de repartir pour son foutu foot. Je suis à Paris et ne peux venir la chercher. Il va falloir voir avec mon ex. Le jugement de divorce n'est pas tombé, alors, en attendant, faut lui demander son avis. »

Le chef de train téléphone au père de l'enfant :

« Quoi ! La SNCF a merdé et c'est moi qui dois venir ? Vous rigolez ou quoi ! J'y suis pour rien, moi ! Ma fille raconte n'importe quoi ! Je l'ai déposée au groupe JVS comme prévu. Maintenant c'est la SNCF qui est responsable. J'exige que vous lui payiez un taxi pour rentrer à Avignon !

— Le taxi, c'est exclu. Je vous demande si quelqu'un peut la récupérer.

— Non, je ne connais personne et personnellement, je ne peux pas m'y rendre. C'est pourquoi je vous dis de la mettre dans un taxi, à votre charge, jusqu'à Avignon, et je veux que ce soit vous qui l'y mettiez. »

Le monsieur s'énerve, agacé par le fait que sa fille l'a dénoncé. Son ton devient de plus en plus agressif. Comprenant qu'aucune solution ne sera trouvée par ce monsieur, le chef de bord prend congé de lui puis rappelle son central.

Il expose la situation des grands-parents et les desiderata des parents, en soulignant le comportement agressif du père et sa demande. Le PC confirme qu'il n'y aura pas de taxi. Le contrôleur demande si son TGV peut marquer un arrêt exceptionnel et rapide à Avignon afin d'y déposer la petite.

Cinq minutes plus tard, le chef de train reçoit la confirmation d'un arrêt exceptionnel en gare d'Avignon TGV. Aussitôt, le contrôleur rappelle les parents pour leur annoncer la nouvelle, puis les grands-parents pour les informer de l'arrêt. Ils sont contents. L'équipe JVS est prévenue.

En gare d'Avignon, seuls le conducteur et la petite fille descendent du train. L'enfant court vers sa grand-mère, tout heureuse de retrouver sa « Mamie ! ». Les grands-parents se présentent au chef de bord et le remercient chaleureusement pour tout. Le train repart et poursuit son voyage.

Tous les chemins ne mènent pas à Rome !

21. LA VALISE « ACCESSOIRE »

Une voyageuse se présente auprès du chef de train, visiblement mal à l'aise :

« Bonjour, monsieur le contrôleur. J'ai un gros problème, j'ai perdu ma valise. Cette valise contient des affaires très personnelles, très spéciales pour moi.

— Bonjour, où avez-vous perdu cette valise ?

— Dans le train. Il faut absolument la retrouver.

— Si elle est à bord, on la retrouvera, ne vous en faites pas. Vous avez regardé partout ? Même dans les voitures adjacentes ?

— Oui, j'ai regardé partout, et rien à faire.

— On va la trouver. Elle ressemble à quoi, votre valise ?

— Une valise de taille moyenne, noire. Je la reconnaîtrai facilement si c'est la mienne. Ma valise est fermée à clé. »

Le contrôleur et la voyageuse partent vers les secondes classes et font tous les racks à bagages de la voiture 6. Rien. Ils repartent vers la voiture 5, *idem*. Direction voiture 7. Sur place, ils inspectent les bagages, déplacent des sacs et repèrent une valise noire bien cachée derrière un tas de bagages.

La femme pousse un cri de joie et, toute souriante, sort de son sac à main un trousseau de clés.

Le chef de bord veut s'assurer qu'il s'agit bien de sa valise, et lui demande donc de vérifier que sa clé ouvre le bagage. La serrure se déverrouille, dévoilant un contenu si inattendu que le contrôleur en reste bouche bée. À l'intérieur, un peu de lingerie mais surtout des menottes, une cravache et un immense *sex toy* accroché sur un pan de la valise.

« C'est bien ma valise. Je suis contente, j'avais peur de l'avoir perdue !

— C'est ça, votre valise spéciale ? Pour être spéciale, elle est spéciale. Ça existe, des modèles géants comme ça ? demande le contrôleur.

— Oui, c'est Kiki. Un modèle poney à double moteur. Il vaut cher, 2 500 €, mais ça vaut le coup, répond-elle d'un ton naturel.

— Vous utilisez un machin pareil ?

— Oui, tous les jours. La première semaine a été dure, mais après tout va bien. Le corps s'habitue, il est élastique. »

Elle referme la valise à clé. Elle se tourne vers le contrôleur et lui dit : « Vous savez, j'ai fait le choix de ne pas avoir de mec ni d'enfants et de privilégier ma carrière, mais je reste une femme malgré tout, avec ses envies, ses désirs. Avec Kiki, plus de prises de tête, pas de séparation, pas d'enfant malade ni d'emploi du temps perturbé. C'est où je veux, quand je veux ! »

La valise peut voyager au septième ciel !

22. JE ME SUIS ENDORMI SUR UN LYON

Trajet Lyon-Paris. Le train est bondé. Peu après le départ de la gare de Lyon Part-Dieu, les contrôleurs tombent sur un monsieur endormi. Aucun billet en vue, pas le choix, il faut le réveiller. Celui-ci émerge difficilement des bras de Morphée, et présente un billet pour Lyon Perrache. Les contrôleurs lui font remarquer que son titre de transport n'est pas valide. Le voyageur, étonné :

« Comment ça, pas valide ? On va bien à Perrache, non ? On va où, là ?

— Monsieur, nous sommes direct pour Paris. On a quitté Lyon depuis trente minutes.

— Quoi ? Mais c'est impossible, je dois me rendre à Perrache, moi ! J'ai travaillé toute la nuit sur le montage d'un dossier que je dois présenter à mon président et à des clients chinois. Je n'ai pas dormi de la nuit... À la gare de Lyon Part-Dieu, je me suis trompé de sens ? J'ai pris un Paris au lieu d'un Perrache... Vous m'avez régularisé, très bien. Maintenant, s'il vous plaît, faites-moi un billet de retard.

— Pardon ?

— Ben oui, vous me faites un papier comme quoi on a eu du retard ou un problème, comme ça je n'aurai pas d'ennuis avec mon président.

— Monsieur, ce n'est pas possible. Les billets de retard ne sont délivrés qu'en gare et quant à un problème, il n'y en a pas. Donc dans les deux cas, c'est impossible. Je peux vous donner les prochains horaires, vous orienter, mais c'est tout. Je n'établis aucun justificatif.

— Je fais quoi alors ? Mon président m'attend !

— Vous l'appelez, vous lui dites que vous vous êtes endormi et que vous allez arriver en retard, c'est tout.

— Vous êtes malade ? Vous ne le connaissez pas. Et si je l'appelle et que je vous le passe, vous ne pourrez pas lui dire un truc bidon pour justifier le retard ?

— Bon, je vais être clair. Je suis là pour beaucoup de choses mais sûrement pas pour inventer des alibis à des gens auprès de leur employeur. »

On apprendra plus tard qu'à Paris Gare de Lyon, ce monsieur a mis un tel souk à l'accueil qu'ils ont dû faire appel à la sécurité.

D'où l'expression « avoir un manque d'entrain » !

23. JE CHERCHE UN HOMME

Une femme d'âge mûr, plutôt jolie, se présente auprès du contrôleur. Elle demande à le voir sur la plateforme.

« Voilà, j'ai une demande particulière à vous faire. Vous voyez bien tout le monde lors de votre contrôle ?

— Oui madame, pourquoi ?

— Je vous explique. Je suis divorcée depuis un an et je voudrais m'amuser ce soir. Vu que vous voyez tout le monde, vous pourriez me trouver un gars de 25 ans au maximum, brun aux yeux verts et costaud ?

— C'est une blague ? lui répond le contrôleur, se retenant difficilement de rire.

— C'est très sérieux. Je voudrais que vous profitiez de vos passages pour repérer mon gars. Je vous paie s'il le faut.

— Écoutez madame. *Primo*, votre argent, je n'en veux pas. *Secundo*, ce n'est pas mon job. Vous cherchez quelqu'un pour vous amuser ce soir ? Faites-le vous-même, mais sans importuner les voyageurs.

— Vous n'êtes pas sympa ! En plus j'ai acheté un billet, ce qui implique que vous êtes à mon service, alors faites ce que je demande.

— Madame, je suis contrôleur, pas rabatteur ni valet de pied. Ce n'est pas dans mes prérogatives. Acheter un billet ne vous donne pas tous les droits. Maintenant, vous m'excuserez, il y a des gens qui ont sûrement besoin de moi dans le train. »

Au fur et à mesure du voyage, il remarque que la femme change de place souvent, discute avec de jeunes hommes.

À l'arrivée, sur le quai, accompagnée d'un jeune homme, elle se dirige vers le contrôleur : « Vous voyez, j'ai trouvé mon bonheur et pas grâce à vous. Soyez assuré de mon intention de faire une réclamation. En tant que petit employé, vous n'avez pas respecté ma demande et ça, vous allez le payer très cher.

— Je vous en prie, madame, faites ! Ne vous privez pas ! »

La femme, rouge de colère, lance un « Pauv' type ! » puis tourne les talons et s'en va.

Elle avait un billet mais elle voulait aussi avoir le ticket !

24. LE VIDÉASTE ENTRAÎNEUR

Trajet Paris-Nice. Le train est complet. Alors que le contrôleur est auprès de l'hôtesse en voiture-bar, celle-ci lui dit : « Écoute, le gars là-bas, il est bizarre. Il parle tout seul. Il n'a ni casque ni téléphone. Franchement, je préférerais que tu restes là, je ne suis pas rassurée. »

Le contrôleur observe l'homme en question du coin de l'œil. Effectivement, plus le temps passe, plus son comportement semble suspect. L'homme filme l'extérieur du train avec son Caméscope en faisant des signes de la main et marmonne quelque chose.

Le contrôleur entame la conversation :

« Vous filmez, monsieur ? À ce rythme, vous n'aurez pas assez de cassettes si vous filmez en continu.

— Oh si, j'en ai plein, des cassettes, mais je n'ai pas le choix, je dois filmer !

— Ah bon, vous préparez quelque chose ? Un petit film de voyage ?

— Pas du tout, je suis entraîneur. Je coache mon gars dehors.

— Pardon ? Quel gars ?

— Ben celui qui est dehors ! Je viens de vous le dire. »

Sidération des gens au bar. Difficile de croire à cette histoire.

Le contrôleur insiste :

« Vous entraînez un gars qui est dehors ? C'est ça ?

— Oui, je lui ai demandé de s'entraîner dur et il le fait. Je l'encourage, là, mais je sens un coup de mou.

— Il doit être sacrément bon s'il court avec le TGV, 300 km/h, ce n'est pas donné à tout le monde.

— En effet, c'est un as. Au départ, il ne valait rien, mais maintenant c'est une graine de champion. »

Puis il se retourne et continue cette fois-ci à encourager son poulain de vive voix. Il hurle sur la baie vitrée. Le contrôleur lui demande de ne plus crier, mais il continue.

Le voyageur ignore complètement la demande de baisser le volume. Le chef de bord se rapproche et lui dit : « Cessez de hurler. Le bar peut être animé, mais pas à ce point, alors je vous demande d'arrêter de crier. On parle normalement, alors faites pareil s'il vous plaît. » Rien n'y fait.

Le contrôleur, excédé, lui demande son billet. Une fois celui-ci en main, il s'écarte et appelle le central de Rennes. Il signale la situation et demande l'historique du voyageur. Il apprend que celui-ci fait le parcours une fois par mois et qu'il est connu pour des débordements. En effet, il a des problèmes psychologiques.

Le contrôleur comprend que le voyageur est à prendre avec des pincettes et décide de rester sur place. Plus tard, ce même voyageur refait une crise et lance un verre d'eau sur une des vitres du bar : il voulait donner à boire à son coureur. Et il projette des chips sur la même vitre pour le nourrir. Le contrôleur va derrière le bar, prend le rouleau de papier essuie-tout et revient vers le voyageur : « Monsieur, cet endroit, vous l'avez trouvé propre et vous le rendez dans un état déplorable de manière volontaire. Je vous demande de nettoyer vos dégâts, s'il vous plaît. »

L'homme reste dix secondes pensif puis déclare : « Pas de problème, vous avez raison. Ça servira d'exemple à mon coureur », et il commence à nettoyer. Dix minutes après, le bar est nickel.

Peu de temps après, le contrôleur fait son annonce pour informer les voyageurs du prochain arrêt. Le train stoppe puis repart. Notre voyageur entraîneur est descendu. Le contrôleur va trouver l'hôtesse :

« Alors, rassurée qu'il soit enfin parti ?

— Oui, je n'étais pas tranquille. Tu sais, il m'a donné un pourboire avant de descendre !

— Ah bon ? Il t'a donné combien ?

— Pas combien mais quoi. Il m'a donné une peau de banane pelée !

— Ah, j'ai eu mieux alors. J'ai eu un sucre ! »

J'ai failli glisser sur une peau de banane !

25. L'HABIT NE FAIT PAS LE MOINE

Le train part de Mâcon. En voiture 2, le contrôleur arrive à la hauteur d'un voyageur, la cinquantaine, cheveux grisonnants, en grande tenue. Il reconnaît le grade. Un général.

« Bonjour, veuillez me présenter votre billet et votre carte militaire, s'il vous plaît. »

Le monsieur donne son billet. Le contrôleur constate qu'il s'agit bien d'un billet à tarif militaire, puis il lui redemande sa carte militaire. Le général ouvre alors son portefeuille, montre de manière très rapide sa carte dans son emplacement en plastique entouré de cuir et le referme.

Le contrôleur n'a même pas eu le temps de voir la carte. Le chef de bord réitère :

« Désolé monsieur, mais votre geste a été trop rapide. Je n'ai pas eu le temps de voir correctement votre carte.

— De quel droit osez-vous ! Je vous l'ai montrée non ? Ça se voit que je suis militaire, vous êtes aveugle ou quoi ? Maintenant laissez-moi tranquille. J'ai des manœuvres à préparer », lui lance le général dans une explosion de colère.

Autour, des voyageurs, pour certains capitaines ou lieutenants, râlent sur le traitement infligé à cet officier.

Le contrôleur ne lâche pas le morceau et redemande la carte.

« Je vais faire un rapport au ministre et téléphoner à votre directeur. C'est intolérable ! lui répond le général.

— Écoutez, monsieur, les règles sont pareilles pour tous. Je dois voir votre carte. Si vous refusez, je devrai régulariser votre billet et appliquer le plein tarif.

— Alors là, sûrement pas. Je suis en règle.

— Très bien, dans ce cas, je suis obligé d'appeler les forces de l'ordre, lui répond le contrôleur, excédé par cette attitude.

— Mais faites donc. Vous aimez importuner les gens, hein ? »

À l'arrêt suivant se présente à la porte du train un équipage de la gendarmerie. L'un des gendarmes demande au contrôleur s'il est certain qu'il s'agit d'un général.

« À la tenue oui, mais quelque chose cloche. D'habitude, les officiers supérieurs sont exemplaires, ils ne résistent pas quand ils doivent montrer leur carte. Lui, c'est différent, son comportement n'est pas normal. C'est ce qui me paraît suspect. C'est pour ça que j'ai demandé votre intervention.

— Très bien, allons voir ça. »

Le gendarme se dirige vers le général.

« Bonjour, gendarmerie nationale, mes respects mon général. Nous avons été réquisitionnés par le contrôleur afin que vous justifiiez la possession de la carte militaire. Pouvez-vous me la présenter, s'il vous plaît ?

— Garde à vous ! De quel droit me demandez-vous ma carte ? Ici, c'est moi qui donne les ordres ! Je veux votre nom et votre affectation, vous allez entendre parler de moi. Maintenant, rompez ! »

Le gendarme, pâle comme un linge, bat en retraite et bredouille à l'attention du contrôleur :

« Je ne vois pas ce qu'on peut faire de plus.

— Messieurs, je dois voir cette carte, peu importent ses menaces. Nous avons vingt minutes de retard à cause de lui, alors lorsqu'on me demandera d'établir un rapport pour en connaître la cause, j'indiquerai que vous êtes venus pour rien parce que comme il est officier, vous n'êtes pas allés au bout des choses. »

Le gendarme, énervé, retourne vers le général et lui dit d'un ton décidé :

« Veuillez me présenter votre carte militaire, s'il vous plaît monsieur.

— Vous cherchez des ennuis, mon garçon ? Retournez à vos missions, c'est un ordre !

— Monsieur, soit vous me montrez votre carte, soit vous devrez nous accompagner. »

Le général, qui voit que ses menaces n'agissent plus, demande à aller discuter sur la plateforme. Il ouvre son portefeuille, sort la carte d'un geste hésitant, et la tend au contrôleur. Il s'agit d'une photocopie couleur.

« C'est ça votre carte ? Une photocopie ? Vous avez d'autres documents prouvant votre appartenance aux forces armées ? lui dit le contrôleur.

— Non, j'ai que ça », répond le général.

Le gendarme lui demande alors sa pièce d'identité afin de vérifier ses dires. Le général fouille dans son portefeuille et la sort. Un gendarme prend la pièce et s'éloigne de quelques pas, sur le quai, pour effectuer un appel. Quatre minutes plus tard, il revient, visiblement en colère.

« On ne vous trouve dans aucune base de données. Où êtes-vous affecté, monsieur ?

— Nulle part. Je suis en immersion.

— Immersion ? Vous faites partie de quel service, monsieur ?

— Aucun, je vous l'ai dit. Je m'imprègne. Du rôle. Je suis comédien. Je joue dans quelques jours dans une toute petite salle et j'ai le rôle d'un général. Alors pour me mettre dans la peau du personnage, j'ai emprunté un costume du théâtre. Je suis prêt. Vous n'y avez vu que du feu ! »

La moutarde monte au nez du gendarme :

« Vous avez une valise ?

— Non, que ce petit sac à dos.

— Très bien, vous venez avec nous.

— Pour quels motifs ?

— Monsieur, vous avez commis plusieurs infractions : port illégal de décorations, falsification et usage illégal de faux documents militaires, usurpation de fonction et qualités, et j'en passe, alors vous allez venir avec nous. »

L'agent de contrôle SNCF relève l'identité du faux général pour son rapport et lui établit un titre de transport non tarifé. Il devra s'expliquer plus tard avec la direction juridique pour l'usage de faux. Implorant la clémence des gendarmes, le comédien part finalement menotté. Son prochain grand rôle : prisonnier à Fleury-Mérogis, sans doute.

En prison, il aura un costume sur mesure !

26. LE CŒUR D'ARTICHAUT

Une journée comme une autre. Des personnes alertent le chef de bord qu'une voyageuse a fait un malaise. Il se rend immédiatement sur place avec sa trousse médicale de secours. Effectivement, une femme ne se sent pas bien. Elle a perdu connaissance puis est revenue à elle. Un homme est auprès d'elle.

Le contrôleur décide de passer une annonce vocale demandant l'aide d'un médecin ou d'une personne ayant des connaissances médicales. Un jeune homme se proclamant étudiant en médecine accourt et commence à ausculter la femme tout en lui posant les questions d'usage. Puis, petit à petit, les questions deviennent très personnelles voire intimes.

Le contrôleur est surpris par cet interrogatoire, mais le jeune médecin le rassure : rien ne doit être négligé. Arrive alors un vieux monsieur qui se déclare médecin. Il pose lui aussi des questions à la patiente puis se tourne vers l'étudiant, et s'apprête à lui demander ses conclusions. Mais il tombe des nues quand il entend l'étudiant dire à la femme : « Ne vous en faites pas, dès que vous vous remettrez, je vous emmène en week-end en Dordogne. » Le vieux médecin, outré, intervient : « Qu'est-ce que c'est que ces réflexions ?! C'est une malade, pas votre amie. Ayez du respect pour elle, je vous prie. »

Devant l'incapacité de l'étudiant de mener à bien des examens basiques, comme prendre le pouls, le contrôleur lui demande avec tact de reculer et de laisser faire le médecin plus âgé puisqu'il est plus expérimenté. « Quoi, tu veux la garder pour toi ? Je l'ai vue le premier, alors c'est à toi de dégager. » Tout le monde reste bouche bée devant cette réponse suspecte du jeune homme.

Le contrôleur le prend à part sur la plateforme :

« Avez-vous un document prouvant votre appartenance à une fac ou à l'Ordre des médecins, s'il vous plaît ? Je vais en avoir besoin pour rédiger le rapport de voyage.

— Euh non, je n'ai rien.

— Alors si vous n'avez rien pour prouver votre appartenance au corps médical, je vais vous demander de laisser votre confrère agir et d'aller vous asseoir. »

Le vieux médecin vient trouver le contrôleur :

« Pour la dame, tout va bien. C'est juste un malaise vagal. Ça devrait aller à présent. Concernant mon confrère, où puis-je le trouver ? J'ai deux-trois petites choses à lui dire. Ça veut dire quoi, cette façon de faire avec une patiente ? Vous savez à quelle faculté il est inscrit, que je fasse remonter l'information ?

— Aucune idée, mais, à mon avis, il a dû arrêter ses études. À sa place, il y a un livre de chimie. Je pense qu'il a changé de cursus.

— Il a bien fait, car il n'était pas fait pour la médecine ! »

Le contrôleur et le médecin discutent un petit moment puis se séparent, chacun partant de son côté. La trousse rangée, le chef de bord refait une ronde et, arrivé au bar, il constate la présence du jeune homme, qui fixe l'hôtesse du bar. Elle est très mal à l'aise, car il ne la lâche pas du regard, et elle demande au contrôleur de rester proche d'elle.

« Il m'a dit qu'il était tombé amoureux de moi, que j'étais son phare !

— Il y a trente minutes, il était déjà amoureux d'une autre et maintenant c'est toi ! Une vraie girouette ! », lui répond le contrôleur en éclatant de rire.

— Non, un cœur d'artichaut ! », dit-elle dans un demi-sourire.

Il faudrait créer une assurance contre l'amour... un regard est si vite arrivé !

27. LE VENDEUR AMBULANT DE SAUCISSON

Le train part. Un passager vient trouver le contrôleur et lui demande si la vente à la sauvette est quelque chose de normal dans un train : « Un monsieur accroche des saucissons partout en indiquant tous les prix. »

Le contrôleur remonte les voitures et tombe sur un spectacle saisissant : la voiture est pleine de voyageurs au-dessus desquels pendent des saucissons, accrochés aux porte-bagages. Dans le fond de la voiture, deux hommes se disputent fortement. Le contrôleur intervient immédiatement :

« Messieurs, que se passe-t-il ?

— Il m'a volé ! Il a mangé mon saucisson et refuse maintenant de me payer !

— C'est à vous, tous ces saucissons suspendus ? Vous devez les enlever immédiatement.

— Écoutez, je voulais juste profiter du voyage pour les vendre. Je ne vois pas ce qui gêne, finalement.

— C'est interdit, rangez-les ou je vous verbalise. Un train, ce n'est pas un marché. Vous imaginez si tout le monde venait vendre ses marchandises ?

— Et lui, il doit me payer le saucisson quand même ! »

Le contrôleur se tourne vers le voyageur incriminé :

« Vous avez mangé un saucisson ?

— J'ai juste goûté un petit bout. Comme il y en avait partout, j'ai cru à une animation. Je ne pouvais pas savoir que c'était à vendre. J'ai juste coupé un petit bout avec mon couteau suisse et je l'ai mangé, puis là arrive ce type qui vient me crier dessus et me réclame 15 €. Il est fou, ce type ! »

Le contrôleur se retourne vers le marchand :

« Vous avez un document qui prouve que tous ces saucissons sont à vous ? Si vous l'avez, présentez-le-moi.

— Bien sûr que je l'ai. Je vends sur les marchés.

— Vous êtes autorisé à vendre sur les marchés et seulement sur les marchés. Donc, vous récupérez votre marchandise ou je vous verbalise. Et si vous refusez encore, j'appelle les forces de l'ordre. Quant à vous, monsieur, je vais vous demander de régler le prix du saucisson à ce monsieur. »

Le contrôleur part faire sa ronde et, à son retour, il croise le marchand en herbe, qui lui dit : « Je pense demander une autorisation pour mettre un stand en gare, ce serait une bonne idée, non ? »

Il est enfin arrivé à « bon porc » !

28. LA THÉRAPEUTE EN MANQUE DE CLIENTS

Un train pour la Savoie. Le chef de bord fait sa ronde puis commence la phase de contrôle. Alors qu'il a quasiment fini, l'hôtesse du bar l'appelle et lui demande de se rendre en voiture 6.

Sur place, il assiste à une dispute entre une femme et deux hommes. Le contrôleur demande des explications. L'un des hommes raconte :

« On était assis, tranquillement en train de discuter entre nous quand cette femme a posé une carte de visite sur notre table. Elle est thérapeute spécialisée dans l'impuissance. Ce qui l'a attirée, c'est qu'on a bien rigolé en regardant sa carte de visite. Au départ, on parlait gentiment, mais là, elle ne s'arrête pas.

— Je ne pense pas qu'elle l'ait fait de manière intentionnelle. Un peu zélée mais beaucoup de maladresse. Je m'en occupe », leur répond le contrôleur pour tenter de calmer la situation.

Sur ce, le chef de bord va voir la femme :

« Je peux savoir le pourquoi de ces cartes de visite ?

— Bien sûr ! Voyez-vous, je suis thérapeute pour la fertilité, contre l'impuissance. J'ai mon cabinet. Dans le train, je me suis dit que ça ne coûtait rien de laisser ma carte de visite. Je suis tombée sur les gars là-bas. Comme ils riaient, je leur ai dit que ce n'était pas drôle et qu'ils pouvaient en souffrir plus tard. C'est là qu'ils se sont énervés dans des termes peu cavaliers à mon encontre. J'étais surprise par leur réaction. Je ne l'ai aucunement fait dans le but de me moquer d'eux, c'est vraiment dans le but d'aider mon prochain.

— Et de trouver de nouveaux clients.

— Oui, aussi, mais c'est secondaire.

— Peut-être, mais vous vous êtes mis en fâcheuse posture. Les deux hommes sont très en colère et très vexés. Je vous conseille de rester là où vous êtes, et cessez de distribuer vos cartes de visite. Ça peut provoquer des réactions, la preuve ! Je vous invite à vous faire discrète. »

Le contrôleur se redirige vers les messieurs :

« Voilà, c'est réglé. Je compte sur vous à présent pour que l'affaire en reste là.

— Pas de problème », disent-ils en ronchonnant.

Sur ce, le chef de bord annonce à la voiture que l'affaire est close et que chacun est libre de faire ce qu'il veut de la carte de visite, à savoir la garder ou la déchirer.

On est souvent impuissant contre certains comportements...

29. JE VEUX CHANGER DE PLACE

Tout se passe bien dans ce train en direction en Bordeaux, jusqu'à ce qu'un voyageur vienne trouver le contrôleur. Une grosse dispute a lieu. Un couple se déchire. Vite sur place, le contrôleur assiste à un véritable déballage de linge sale en public :

« Écoute, espèce de morue, si tu n'es pas contente, t'as qu'à partir. Vas-y, barre-toi !

— Bien sûr que je vais partir, pour ce que tu sers ! T'es un incapable, même au lit t'es une quiche !

— Pour ça, faut avoir envie. T'as vu tes bourrelets ?!

— Je suis comme je suis, mais moi au moins, je ne suis pas un parasite pour la société. Eh oui, messieurs-dames, ce monsieur escroque le chômage en travaillant au black. Tout l'argent qu'il gagne, c'est pour le PMU ou la bière. C'est un poivrot !

— Si je bois un peu, c'est pour te supporter. Qui irait voir une nana avec un herpès génital ? Sans déconner, qui ? »

Les deux sont rouges de colère et les noms d'oiseaux pleuvent. Le contrôleur intervient :

« Madame, calmez-vous et allez m'attendre sur la plateforme là-bas », puis il donne la même consigne au monsieur mais lui demande de se rendre sur l'autre plateforme.

Il va d'abord voir la femme :

« Je peux savoir ce qui se passe et ce qui est à l'origine de cet esclandre ?

— Je suis désolée du spectacle, mais quand on me cherche, on me trouve. Il m'a demandé de l'argent pour acheter une bière au bar et j'ai dit non. Comprenez, il claque son chômage en jeux à gratter, au PMU ou en alcool. On survit avec mon Smic. C'est mon salaire qui paie tout à la maison et lui, il claque tout, donc j'en ai eu marre et j'ai dit non. C'est alors que ce salaud a commencé à me balancer des saloperies, et devant tout le monde en plus. »

Arrivé face au concubin, le contrôleur lui demande quelle est l'origine de la dispute.

« C'est personnel, ça ne vous regarde pas.

— C'est peut-être personnel, mais quand vous fichez le bazar dans mon train, ça me regarde. Les gens n'ont pas à subir vos déballages conjugaux. Alors maintenant, vous vous calmez et ne vous avisez plus de recommencer ce spectacle de nouveau sinon j'appelle la police *illico*, c'est compris ? »

Plus tard, le contrôleur refait une ronde et prend à cette occasion des nouvelles de la femme :

« Ça va très bien, j'ai pris ma décision, répond-elle.

— Laquelle ?

— Dès qu'il rentre, il dégage avec ses affaires. »

« Affaire » classée !

30. LE JALOUX PISTEUR

Le contrôleur entre en phase de vérification des billets. Voiture après voiture, rien d'anormal. Au milieu de la voiture 6, alors qu'il attend qu'une femme retrouve sa carte de réduction au fond de son sac, il remarque une tête qui entre et sort des toilettes et observe la voiture 7. Ce geste se répète à intervalle régulier. Trouvant ce comportement curieux, il décide d'aller contrôler la personne, qui refuse de sortir et répond aux abonnés absents. Il déverrouille la porte et tombe nez à nez avec un jeune homme qui a un appareil photo à la main.

« Bonjour, contrôle des titres de transport. Veuillez me présenter votre billet, s'il vous plaît », lui dit le contrôleur.

Le monsieur lui présente son billet. Il est en règle, avec un billet de première classe. Le contrôleur lui demande de sortir des toilettes. Il refuse. À sa question sur la raison pour laquelle il ne veut pas, le chef de bord obtient pour seule réponse :

« Qu'est-ce que ça peut vous foutre ?

— Pardon ? Monsieur, vous ne pouvez pas monopoliser les toilettes. Les gens ont le droit de les utiliser aussi, et vu que vous passez votre tête toutes les cinq secondes, je doute de son utilisation. Alors sortez de là, s'il vous plaît.

— Je ne bougerai pas d'ici. Laissez-moi maintenant. »

Le contrôleur retourne en voiture 2 chercher un gendarme en déplacement privé et lui demande son appui, tout en lui racontant les faits et l'attitude louche du jeune homme. Lorsqu'ils arrivent, visiblement, celui-ci continue son manège.

Le gendarme exige du jeune homme qu'il sorte, et il finit par obtempérer. Le contrôleur inspecte alors les toilettes. Rien de suspect.

Sur la plateforme, le jeune homme, apparemment mal à l'aise, tente pas après pas de retourner dans les toilettes, mais le gendarme l'en empêche. L'intervention attire l'attention des voyageurs, dont celle d'une jeune femme qui les rejoint et s'adresse au jeune homme :

« Jérôme ? Mais qu'est-ce que tu fais ici ? C'est mon voisin... Qu'est-ce qu'il a fait ?

— Rien, madame, mis à part une attitude bizarre. Il semble espionner dans cette voiture et on le trouve avec un gros appareil photo. Par les temps qui courent, c'est étrange.

— Maintenant, dites-moi ce que vous surveillez comme ça, dit-il en se tournant vers le jeune homme.

— Elle, répond-il, penaud.

— Moi ? Mais pourquoi tu me surveilles ? Tu prends des photos de moi ? lui dit la jeune femme, interloquée.

— Oui, Alicia, je surveille que tout aille bien pour toi, parce que je t'aime. Ça fait deux ans que je ne vis que pour toi. J'ai pris le train pour assurer ta sécurité.

— Non mais t'es malade, de quel droit te permets-tu de me suivre et d'observer tous mes faits et gestes ?

— Tu ne comprends pas, je ne peux pas vivre sans toi.

— Non, mais j'y crois pas ! Je suis mariée. Tu comprends ça ? J'aime mon mari, mais sûrement pas toi ! Et tu prends des photos de moi ? Efface-les tout de suite ! »

Le ton commence à monter, et le contrôleur lui demande de se calmer, mais elle rétorque : « Vous seriez calme vous, si vous découvriez qu'un pervers vous surveille depuis deux ans ? »

Après une longue discussion, le jeune homme finit par supprimer l'ensemble des photos tout en gémissant : « Alicia, je t'aime, pardonne-moi ! »

**Quand y a pas d'amour,
y a rien à faire, y a pas photo !**

31. ILS SONT BEAUX, MES POISSONS !

Nous partons vers le Sud avec la promesse d'un beau temps annoncé par la météo.

Lors de la première ronde, nous notons une forte odeur de poisson dans une voiture de seconde classe : gênante, elle émane du rack à bagages où trônent cinq caisses en polystyrène.

Le contrôleur demande dans la voiture adjacente si le propriétaire des caisses est présent. Un homme se lève et va à sa rencontre.

« Monsieur, ces caisses ne sont pas des bagages. Des bagages, ce sont des valises ou des sacs, mais ça, c'est du fret. Ce n'est pas prévu dans le contrat de transport. Je vais devoir vous régulariser.

— Je comprends, mais écoutez, j'ai eu une journée galère alors si on pouvait éviter, ça serait vraiment sympa. Je suis parti à 2 heures en camion pour Rungis pour approvisionner mon restaurant en poissons. À la sortie du marché, mon camion est tombé en panne. J'avais le choix, soit j'attendais le dépanneur puis repartais avec des caisses dégelées et perdais le stock, soit je laissais le camion là-bas et sautais dans un taxi pour la gare et vite rentrer.

Vous imaginez le merdier ? Le taxi a accepté moyennant une rallonge et là, vous allez encore me faire payer ? Et si je vous donnais deux kilos de rougets ? Cela vous irait ?

— Cessez ce petit jeu, c'est non et c'est définitif. J'espère tout de même que ça ne va pas couler de partout. Y a beaucoup de glace ?

— Oui, y a ce qu'il faut en glace. Si le chauffage est pas élevé, ça tiendra.

— La prochaine fois, mettez vos caisses dans de très grands sacs isothermes, ça limitera l'odeur. »

Histoire vraie ! Ce n'était pas un poisson d'avril !

32. LE MANIAQUE

Lors du contrôle dans un train, le chef de bord se retrouve nez à nez avec un voyageur portant des gants blancs et un masque d'opération. Celui-ci lui demande s'il y a des lingettes désinfectantes à disposition. Face à la réponse négative du contrôleur, il réplique :

« Vous devriez. Vous n'imaginez pas la quantité de germes qu'il y a ici. Vu les rotations des TGV, il doit y avoir un taux énorme de germes et de bactéries. Vous permettez que je m'assoie dans le siège de la nurserie ? Vu que le siège est en Skaï, j'aurai moins de risques d'être contaminé que sur vos sièges en tissu jamais nettoyés qui sont de vrais nids à acariens. Tout comme votre ventilation, qui doit être chargée en microbes. Même manger les produits du bar, je refuse. Leurs produits sont stockés Dieu sait comment. Tous les emballages doivent être contaminés. Je ne peux pas m'asseoir près d'autres personnes. Imaginez qu'un seul soit malade ! Je ne tiens pas à risquer ma vie. Je tiens à me préserver.

— Que vous alliez à la nurserie, ça ne me gêne pas, mais si quelqu'un vient avec un enfant à changer, vous devrez lui céder la place.

— Pas de problème. »

Le monsieur repart.

Bien plus tard, l'agent de propreté du train vient voir le contrôleur :

« Tu sais qu'il y a un voyageur qui m'a demandé du papier et qui a nettoyé les toilettes après mon passage ? Il a sorti deux bouteilles de Sanytol et il a tout désinfecté, plafond compris. Il est maintenant en train de tout briquer dans le local bébé. Il fait partie d'une autre société pour nettoyer le train ?

— Non, c'est un voyageur.

— Mais il est fou, il désinfecte le train en entier !

— Il n'est pas fou, mais il semble avoir un problème d'excès de propreté. »

Il y a des obsédés au « propre » comme au figuré !

33. LA VALISE SATELLITE

Le train démarre, direction les vacances. Alors que le voyage s'annonce bien, deux voyageurs se présentent auprès du contrôleur :

« Monsieur, on aimerait être déplacés dans une autre voiture. Vous reste-t-il des sièges libres ?

— Oui il m'en reste. Pourquoi voulez-vous changer ? Vous n'êtes pas bien à votre place ?

— Non, il y a un type avec une valise pleine de bidules, qui fait le même bruit qu'un compteur Geiger. S'il y a un truc radioactif dans la voiture, moi je ne reste pas là-bas ! »

Le contrôleur se rend immédiatement sur place et trouve un homme devant une valise pleine de voyants, de boutons et d'aiguilles qui s'affolent.

« Bonjour monsieur, puis-je connaître la nature de votre valise ?

— Bonjour, c'est une valise spéciale. Elle est professionnelle.

— Je m'en doute, mais je voudrais savoir la nature de son utilisation. Elle sert à quoi ?

— C'est une valise pour géologues. Elle sert à recevoir les données des capteurs en cas de séisme.

Elle fait les mesures et les inscrit dans la bande. Pourquoi cette question ?

— Parce que des voyageurs m'ont dit que vous utilisiez une machine étrange qui bipait. Ils sont persuadés que c'est un compteur Geiger et qu'il y a à bord un engin radioactif.

— Ah pas du tout, je vérifiais le bon fonctionnement du matériel, c'est tout. J'ai les capteurs dans ce sac et je les secoue pour vérifier la transmission. »

Pensant le problème réglé, le contrôleur arrive au bar. Le steward lui dit :

« Écoute, je vais fermer mon bar, il paraît qu'il y a de la matière radioactive dans le train !

— Mais qui t'a dit ça ?

— Eux, là-bas. Ils ont fait flipper tout le monde. C'est vrai, cette histoire de radioactivité ?

— Pas du tout. Il n'y a jamais eu de radioactivité. C'est juste un appareil pour mesurer les tremblements de terre ! »

Le contrôleur en profite pour rassurer les voyageurs terrorisés qui l'assaillent de questions : « Mesdames, messieurs, certains d'entre vous ont propagé l'idée qu'une personne serait en train de régler un problème de radioactivité sur le train. Il n'y a aucune radioactivité, aucune. Il s'agit d'un géologue qui règle ses appareils de sismologie. Ces appareils servent à détecter les tremblements de terre. Il n'y a aucune raison de vous inquiéter. Je peux faire venir le monsieur avec son matériel afin qu'il vous explique le fonctionnement de ses outils et, pourquoi pas, pour les sceptiques et les inquiets, qu'il vous fasse une démonstration de secousse avec ses capteurs. Une question ? »

Surpris, les gens semblent finalement soulagés.

On tremble souvent pour rien.

34. L'HOMME ALUMINIUM

Nous sommes en décembre 2012, en pleine période de la fameuse « annonce de fin du monde du calendrier maya ». Le train est en partance pour Marseille.

Des voyageurs se présentent au contrôleur et réclament une autre place : « Il y a un siphonné habillé tout en alu avec un casque à antennes. Nous refusons de rester près de ce fou. S'il disjoncte, nous préférons être loin de lui ! »

Le contrôleur se rend sur place et s'arrête, sidéré : un monsieur d'une cinquantaine d'années est effectivement entièrement habillé en aluminium alimentaire et coiffé d'un casque, également en aluminium, avec deux petites antennes. Le contrôleur ne peut réprimer un sourire et se retient de rire aux éclats. Il annonce : « Messieurs-dames, bonsoir, contrôle des billets. »

C'est au tour du cosmonaute azimuté d'être contrôlé. Pendant qu'il vérifie son billet, le contrôleur interpelle le voyageur :

« Elle brille de partout, votre tenue !

— Normal, elle est conçue pour annuler les ondes parasites.

— Pour quoi faire ?

— Je ne reçois que les bonnes ondes. J'appartiens à un groupe qui a loué un bateau pour aller au milieu de la mer afin de mieux capter les ondes. Nous ferons partie des survivants. La survie de l'Homme est à ce prix.

— Comment ça ? La fin du monde est proche ?

— Ben oui, les Mayas l'ont annoncée il y a de ça des milliers d'années.

— Ah oui, le truc de Paco Rabanne.

— Exact, lui aussi connaît la vérité et nous, nous sommes prêts !

— Eh bien, bonne chance pour la survie, alors ! »

Un voyageur qui déraille...

35. LES RAISINS DE LA COLÈRE

Le train arrive en gare. Sur les quais, les voyageurs montent et descendent des trains. Au milieu de cette foule, un homme d'une quarantaine d'années secoue un adolescent et l'engueule. Quelques secondes plus tard, il le gifle. Le contrôleur se rend auprès d'eux pour les séparer, lorsqu'il entend l'homme dire à l'ado : « Non mais tu te rends compte de ce que tu as fait ? Tu as cassé toute ma cave ! Six cents bouteilles ! »

Le jeune homme, penaud, reste silencieux tandis que le monsieur continue à le secouer comme un prunier. Le contrôleur les sépare :

« Ça suffit ! Pourquoi le giflez-vous ?

— Bien sûr que je le gifle et je vais continuer ! Ce petit con a démoli toute ma cave à vin ! Il est venu chez moi pour m'engueuler parce que je n'ai pas voulu laisser sortir ma fille hier soir au cinéma, puis il est parti. Du moins je le croyais. Alors que j'étais dans mon garage, il est entré dans ma cave et a démoli toutes mes bouteilles de vin. C'est en entendant du vacarme que je me suis approché et que je l'ai vu sortir. Quand je suis rentré, ça m'a fendu le cœur. Six cents bouteilles de bons crus vidées par terre ou explosées ! Un désastre ! Quand je suis ressorti, il avait disparu. J'ai demandé à ma fille où il habitait, alors j'ai foncé ici le rattraper. Avoue, espèce de salopard !

— Et comment que j'ai pété toutes ses bouteilles de pinard ! Il ne laisse pas sortir ma copine. C'est impossible de la voir. Il ne lui donne même pas d'argent de poche et préfère économiser pour s'acheter encore des bouteilles !

— Tu es le petit copain de Margot ? Ça, c'est la meilleure ! Mais cette cave, c'était son héritage ! Tu ne comprends pas que ces bouteilles étaient destinées à être revendues plus tard dans le but de lui payer son appartement ? Maintenant, si tu espères qu'elle va sortir, tu peux t'accrocher. Jamais plus elle ne sortira ! », hurle le monsieur en essayant de le gifler.

L'agent d'escale s'interpose et menace d'appeler la police. Le monsieur renchérit : « Tant mieux, je veux déposer plainte pour intrusion dans mon domicile et destruction de ma cave à vins ! »

Le contrôleur le met en garde : « Attention, lui aussi peut déposer plainte pour coups et blessures, alors je vous conseille de vous calmer... »

Je ne suis pas « de vin », mais ils ne sont pas près de boire une bonne bouteille ensemble !

36. LA REVANCHE D'UN CHÔMEUR

Le train est lancé. Le temps est clair et ensoleillé. Alors que le contrôleur commence la vérification des billets, une altercation éclate dans la voiture suivante : un homme d'une cinquantaine d'années en costume est en train d'insulter et de brutaliser un jeune.

L'agent s'interpose et tente de calmer le monsieur, qui a de manière très visible du vomi sur ses vêtements. C'est difficile, il est très en colère. Le jeune homme, de son côté, est sonné, et le côté gauche de sa mâchoire est tout rouge.

L'homme en costume, hors de lui, hurle : « Ça fait cinq ans que je suis au chômage et personne ne veut embaucher un vieux de 57 ans et là, après tant de galères, je trouve enfin une boîte qui veut bien de moi pour un entretien. Je me fais tout beau pour me donner un maximum de chance et ce petit con, parce qu'il a visiblement trop fait la fête hier soir, me vomit dessus, comme ça, gratuitement. Vous n'imaginez pas comme c'est dur de retrouver un travail à mon âge ! Je n'ai plus aucune chance, il va me le payer ! »

Larmoyant, il s'effondre : « Je ne pleure pas par peur de la police et des ennuis mais parce que j'avais tellement d'espoir dans cette place ! Vous imaginez ce que ça fait de chercher un travail et qu'on vous réponde chaque fois "Vous êtes trop expérimenté" pour éviter de dire "Vous êtes trop vieux" ? Ou quand on ne vous répond même pas ? C'est terrible pour le moral, et côté finances, je n'en parle pas. Je ne peux quand même pas me présenter à l'entretien comme ça ! Comment je vais faire ? Je travaille depuis mes 15 ans et je n'ai jamais été dépendant de quelqu'un et, là, c'est ma fille qui me donne de quoi manger. C'est ma fille qui me nourrit ! Vous imaginez comme c'est dur ? Normalement, c'est à moi de l'aider, pas l'inverse !

— Je sais bien, tente de le consoler le contrôleur, mais une famille, ça sert à ça, à aider dans les coups durs. Je suis sûr que c'est temporaire. Vous avez tellement envie de travailler, les recruteurs finiront par s'en rendre compte. Concernant l'aspect de vos vêtements, expliquez-leur ce qui s'est passé et ils comprendront que ce n'est qu'un incident. Un recruteur recherche des compétences avant tout. En tout cas, je vous souhaite bonne chance pour votre recherche. »

Et il repart voir le jeune homme.

Celui-ci s'est remis. Le contrôleur lui explique les raisons de la colère du monsieur. Le jeune homme, penaud, répond : « C'est ma faute, j'irai le voir pour m'excuser tout à l'heure. »

Alors que le train arrive à son terminus, le monsieur vient trouver le contrôleur et lui dit : « Je voulais vous remercier. Vous avez parlé au petit gars et il est venu s'excuser. Il m'a passé son père au téléphone. En fait, son père recherchait justement quelqu'un avec mon profil et il me donne ma chance ! Je suis pris ! Grâce à vous, je suis sorti d'affaire ! »

Pour un nouveau job, il vaut mieux s'y prêter qu'un « rendu » !

37. UN RAT EN BALADE

Le train roule depuis un moment quand retentit un appel d'urgence de la voiture-restaurant. Le contrôleur s'y rend immédiatement et constate un attroupement de voyageurs. Surpris par le nombre, il demande ce qui se passe.

On lui répond qu'il y a des rats à bord, dans la voiture adjacente. Il apprend par une mamie qu'un rat lui a frôlé la jambe, ce qui a provoqué, de fil en aiguille, une panique dans la voiture.

Le contrôleur part inspecter chaque rangée. Effectivement, un rat est là ! Il contacte le central : l'appui de l'équipe spécialisée des pompiers est demandé. De retour sur la plateforme, une jeune femme souhaite lui parler :

« J'ai un problème, j'ai perdu mon animal de compagnie.

— Quel animal ?

— Un rat.

— Suivez-moi, s'il vous plaît, on vient de me signaler un rat au niveau inférieur, ça doit sûrement être lui ! »

Elle s'approche, regarde attentivement et s'exclame :

« Oui, c'est bien lui ! Il a la même tache !

— Alors récupérez-le et remettez-le dans sa caisse. Je parie que vous l'avez sorti pour jouer avec, que vous vous êtes endormie et qu'il en a profité pour se balader. Vous avez de la chance, je viens de lancer la procédure prévue dans ce cas et je peux encore l'arrêter, sinon vous auriez à payer l'intervention des pompiers et le retard. À présent, retournez vous asseoir s'il vous plaît et faites en sorte qu'il ne quitte plus sa boîte. »

La jeune femme récupère son animal de compagnie et file s'asseoir. Le contrôleur retourne en voiture-restaurant et annonce : « Mesdames, messieurs, l'affaire du rat est terminée. Vous pouvez retourner à vos places en paix. Le rat est un animal de compagnie qui appartient à une dame qui est au niveau supérieur et le rat, sorti de sa boîte, a profité du sommeil de sa maîtresse pour descendre. La dame a récupéré son animal et j'ai vérifié, il n'y en a pas d'autres. Bon voyage ! »

Les voyageurs, rassurés, regagnent leurs places.

Tout le monde a « souris ».

38. TIOZZO, L'ÉTERNEL CHAMPION

Lors d'un contrôle en voiture-restaurant, je me rends compte que je me trouve face à Tiozzo, le champion du monde de boxe. Mon beau-père, passionné de sport et de boxe, a pour idole les Cerdan, Mendy, Mormeck, et bien sûr Tiozzo. Au moment de le contrôler, je me permets de lui glisser :

« C'est un honneur de vous avoir à bord, monsieur.

— Merci », répond-il d'une voix presque timide.

Je m'éloigne et appelle aussitôt mon beau-père pour lui raconter que je viens de contrôler son boxeur favori. Mon oreille appuie malgré moi sur le haut-parleur du téléphone et on entend clairement la réaction passionnée. Je discute avec lui brièvement lorsqu'on me tape sur l'épaule. C'est le champion. Il me fait signe de lui passer le téléphone. Le voilà en grande discussion. Je sais qu'au bout du fil le bonheur est absolu.

Mon contrôle fini, je m'aperçois que Christophe Tiozzo attend pour me remettre le téléphone. Il me dit : « Tenez et remerciez-le encore. Ça fait plaisir de parler à un vrai fan. » Il me tend le téléphone et un autographe, destiné à mon beau-père. C'est Noël avant l'heure pour lui ! Je discute avec mon beau-père, qui est sur un nuage. Son champion lui a offert d'entrer dans son académie de boxe, des places pour des combats...

Sachant le bonheur que le boxeur vient de faire naître, je retourne le voir : « Monsieur, je tiens à vous remercier du fond du cœur d'avoir réalisé un des rêves de gosse de mon beau-père. Il bosse beaucoup, alors ce n'est pas évident pour lui de suivre sa passion. Vous êtes et resterez un éternel champion pour moi ! »

Heureusement, le train n'est pas toujours qu'un ring !

39. L'ÉVASION FISCALE

Le train passe la frontière. Bientôt le terminus. Alors que les voyageurs préparent leurs affaires, un monsieur s'écroule. Certains tentent de l'aider à se relever, mais celui-ci refuse en criant : « Foutez-moi la paix, je peux me relever tout seul ! » Le contrôleur souhaite à son tour l'aider. Même réponse.

« Écoutez monsieur, je ne peux pas vous laisser comme ça, allongé par terre. Je vais chercher de l'aide. »

Le contrôleur descend du train et demande de l'aide aux agents de la PAF (police aux frontières) présents dans les parages. Tout le monde rentre dans la voiture. Le contrôleur reste un peu à l'écart pour ne pas gêner. Alors que le monsieur proteste, râle, les secours s'exclament : « Non mais voyez-vous ça ! Eh bien, monsieur va nous accompagner ! »

Le contrôleur interpelle un policier et demande des nouvelles du monsieur et la raison pour laquelle il est emmené :

« Il a gagné le gros lot, aujourd'hui. Vous savez pourquoi il était à terre ? Il a tellement de lingots d'or scotchés sur lui qu'il a perdu l'équilibre et n'a jamais pu se relever. Sûrement que ça fait un moment qu'il les trimballe et ça a dû le fatiguer.

— La vache ! Il va lui arriver quoi maintenant ?

— Ses lingots vont être saisis et il va prendre une amende de la valeur de la moitié. Cette journée va être longue et lui coûter cher ! »

Ça, c'est une journée qui vaut de l'or !

40. LE MAUVAIS DÉPART

Nous sommes à Paris, sur le quai. Le train est prêt et les voyageurs arrivent, telle une marée humaine qui remonte le quai. Les contrôleurs accueillent les passagers et sont bientôt assaillis de questions. Dans ce brouhaha, difficile de répondre. Passe alors devant les chefs de bord une femme qui demande, sans s'arrêter : « C'est bien le train pour Prade ? » Pensant qu'il s'agit de Prade-sur-Mer, l'un des contrôleurs lui dit, dans ce tumulte : « Oui, madame, il faut juste changer en gare de Narbonne. » Mais elle n'écoute pas la réponse, elle est déjà loin.

Il est l'heure, le train part. Le trajet se déroule sans encombre. Dernière voiture, le contrôleur tombe sur la femme qui l'avait interpellé sur le quai. Celle-ci donne son billet et là, stupeur : elle ne va pas à Prade mais à Prague !

Sidéré, il la questionne :

« Bonjour madame, vous avez un autre billet ?

— Non, pourquoi ?

— Parce que vous n'êtes pas dans le bon train, ni dans la bonne gare de départ d'ailleurs. Votre billet indique gare de l'Est comme gare de départ, pour aller à Prague. Pourquoi être venue à gare de Lyon ? On vous a mal aiguillée ?

— Un train, c'est un train. Moi, je vais à la gare prendre mon train, point.

— Mais madame, les gares parisiennes ont chacune un axe. Gare de l'Est, ce sont tous les trains pour l'Est, gare de Lyon pour le Sud-Est. C'est bien différent, voyons !

— Ce n'est pas mon problème, ce sont vos trains, pas les miens. Moi je paie pour être emmenée du point A au point B, alors débrouillez-vous pour m'aider.

— Je ne comprends pas comment vous avez pu vous tromper à ce point, madame. Non seulement vous ne respectez pas la gare de départ, mais même l'heure non plus. Votre train est trois heures après notre départ. Le temps d'arriver à notre premier arrêt, de reprendre un train pour remonter à Paris et de vous rendre à gare de l'Est, votre train sera parti.

— Vous m'avez dit oui, que c'était le bon train, alors vous vous débrouillez.

— Écoutez, madame, je vais tenter de vous aiguiller sur un nouveau trajet en passant par l'Italie, il vous faudra descendre à la prochaine gare, Nîmes. »

La femme, une fois régularisée et les horaires en poche, s'assoit, met son casque et reste là dans un état de décontraction totale.

D'où l'expression « avoir un train de retard » !

41. LE RER POUR AVIGNOU

Nous sommes dans un TGV en partance pour le Sud. Le train est complet. Lors de sa phase de contrôle, un chef de bord tombe sur un monsieur étranger : « Bonjour monsieur, votre billet s'il vous plaît. » Et sous les yeux ébahis du contrôleur, celui-ci lui donne un ticket de RER.

Le monsieur, visiblement originaire d'Afrique du Nord, a un accent très prononcé et parle mal le français. Le contrôleur a vraiment des difficultés à le comprendre. Il demande si, dans la voiture, quelqu'un parle l'arabe. Une femme se présente. On apprend alors que le monsieur, parlant mal le français et ne connaissant pas Paris, a acheté un ticket de RER et s'est perdu dans la gare. Il a demandé à un homme comment aller à « Avignou » et cette personne l'a guidé jusqu'au TGV pour Avignon.

Le contrôleur regarde le ticket de RER et constate qu'il a pour parcours Paris – Vigneux-sur-Seine ! Voilà l'explication d'« À Vignoux » !

Comme le passager n'a que ce ticket sur lui, le contrôleur décide de le régulariser, puis de lui écrire sur une feuille le parcours pour revenir à

Paris et de lui dessiner un plan pour aller prendre un train de banlieue.

La traductrice transmet alors les paroles du monsieur au contrôleur : « Merci, monsieur le contrôleur, pour votre aide. »

Erreur d'aiguillage !

42. LES ENFANTS JOUENT

Nous sommes en été. Le train est complet. À bord, beaucoup de familles. Lors d'une ronde, le contrôleur voit des enfants s'amuser sur les plateformes. Alors qu'il fait une autre ronde, des voyageurs lui signalent que ces enfants jouent avec de l'eau et aspergent les gens.

Ils remplissent en fait de petites bouteilles en plastique et s'amusent à se mouiller. Il élève la voix et aussitôt les enfants s'arrêtent : « Les toilettes ne sont pas une aire de jeu, alors c'est terminé de remplir les bouteilles, compris ? » Les enfants acquiescent. Il demande aux enfants de rejoindre leur place, tout en précisant qu'il arrive.

Les enfants préviennent leurs parents. Arrivé auprès d'eux, le contrôleur leur demande de surveiller leurs enfants et de les empêcher d'éclabousser les autres voyageurs.

Le père, qui n'a visiblement pas envie d'intervenir, rétorque :

« Écoutez, c'est votre boulot, pas le mien, OK ! Moi, mes enfants, je les éduque de manière libre, de façon à ce qu'ils se fassent eux-mêmes leurs expériences. Je suis contre toutes ces règles liberticides. Alors, débrouillez-vous !

— Monsieur, vos enfants sont mineurs, c'est donc vous le responsable. S'ils commettent des infractions, c'est vous que je viendrai voir, soyez-en assuré. Alors surveillez-les et qu'ils n'importunent pas les autres voyageurs. » Puis il repart.

Plus tard, on l'informe que ça recommence. Il va immédiatement voir les parents :

« Monsieur, vos enfants ont récidivé, alors je vous demande de nouveau de les gérer.

— Écoutez, moi j'ai sommeil et mes enfants font leur vie. Quant à vous, je ne vous embête pas que je sache, alors cessez de m'importuner.

— Bien, je vais être très clair. Vous élevez vos enfants comme vous voulez, mais, ici, j'attends que vous respectiez les règles. Si ces règles sont encore une fois bafouées, je vous colle une amende et si ça ne suffit pas, j'appellerai la police. Me suis-je bien fait comprendre ? Les règles sont pour tout le monde, vous et moi compris. »

Le reste du voyage se déroule sans incidents. La menace a agi. Lorsque le train arrive en gare, la famille descend. Alors qu'il croise le contrôleur, le père lui glisse :

« Vous savez que vous faites partie d'un système liberticide avec un gouvernement de corrompus ? Vous avez perdu votre liberté, je vous plains.

— Monsieur, les règles, c'est l'ordre et la paix. Sans règles, c'est l'anarchie et le foutoir. Bonne journée, monsieur. »

Je contrôle les billets,
pas l'éducation des enfants !

43. LES RAVIOLIS

Le train arrive dans une gare de Provence. Il est bondé. Sur le quai, une vieille dame traîne avec difficulté un gros sac à roulettes. Le contrôleur lui propose son aide, qu'elle accepte volontiers. Sa place se trouve dans la voiture supérieure. Marche après marche, il constate à quel point le sac est lourd. Au milieu de l'escalier, essoufflé, il dit à la vieille dame : « Vous avez mis quoi là-dedans, un rocher ? J'ai du mal à le porter, pourtant je suis plutôt costaud ! »

Deux marches plus loin, crac ! Le fond du sac se déchire. Et voilà que dégringolent dans l'escalier, sous les yeux étonnés du contrôleur, des tas de boîtes de raviolis format familial.

Le sac s'est entièrement vidé. Tout est pêle-mêle sur la plateforme. La vieille dame s'en prend au contrôleur :

« Qu'est-ce que vous avez fait ? Je suis bien avancée maintenant. Comment je fais pour le reste du voyage ?

— C'était ça, le contenu ? Je comprends le poids maintenant. C'est bien la première fois que je vois un voyageur transporter une cargaison de raviolis. C'est une première. Ne vous inquiétez pas, je ne vais pas vous laisser comme ça. Je vais le rafistoler, votre sac. J'ai dans mon local des bandes de Scotch très résistantes pour « filmer » les vitres cassées. Je vais en mettre dessus et ça devrait tenir. Si ça résiste à 300 km/h, ça devrait être suffisamment costaud pour quelques boîtes de raviolis ! »

Le contrôleur applique les bandes de Scotch tout autour du fond du sac. La dame est satisfaite, ça tient. Curieux, il ne peut s'empêcher de lui demander pourquoi elle transporte autant de boîtes.

« Je me suis rendu compte que la nourriture coûtait moins cher en province, alors je descends en acheter : je gagne quasiment 1,20 € par boîte ! C'est une affaire !

— Si l'on ne compte pas le prix du billet, vous avez sûrement raison ! »

Le client est soi-même
pour un service après-vente !

44. FASHIONISTA

Alors que le voyage se passe très bien, une femme en robe se présente auprès du contrôleur. Elle est en pétard.

« Il faut que vous déplaciez quelqu'un. Il est hors de question qu'elle reste dans la même voiture que moi !

— Que se passe-t-il ? Quelqu'un vous a dit quelque chose de déplacé ou fait quelque chose ?

— Elle ne m'a rien dit, mais fait, oui : cette garce a la même robe que moi !

— Elle a quoi ? Vous voulez déplacer quelqu'un parce qu'elle a la même robe que vous ? C'est une blague ?

— Pas du tout, et si vous ne me connaissez pas encore, je ne plaisante jamais sur ce sujet. Je suis une tornade quand je suis en colère, alors si vous ne voulez pas que je m'énerve, déplacez-la.

— Écoutez, madame, ce n'est pas un motif réglementaire. Elle n'a rien fait ou dit de répréhensible, elle est assise tranquillement à son siège. Il n'y a rien que je puisse faire pour vous. Je suis désolé. »

D'un coup, la femme entre dans une colère noire : elle jette son sac à main par terre et pousse un long cri. Tout le monde sursaute. « J'ai une robe de marque d'un créateur sur moi et elle, une pâle copie, sûrement une contrefaçon. Vous croyez que je peux rester dans la même voiture, sachant que je sais que c'est une copie ? Tout le monde va penser que j'ai une contrefaçon sur moi ! C'est intolérable, inadmissible ! »

Face à une telle crise de nerfs, le contrôleur décide d'aller trouver la voyageuse, qu'il prend à part et lui explique :

« Madame, cette dame est un peu… particulière et vu qu'elle est susceptible de faire des crises de folie toutes les trois minutes, accepteriez-vous de changer de place ? Je vous mets en première, histoire que vous soyez loin d'elle.

— Pas de problème, je vais suivre votre conseil. Je ne reste pas dans la voiture avec une folle. »

Le contrôleur lance à la plaignante :

« Voilà, madame, votre problème est résolu. La dame accepte de changer de place. Elle ne sera plus dans la même voiture, vous pouvez être sereine, elle sera à l'autre bout du train, loin de vous.

— Pas en première classe quand même ? C'est moi qui suis lésée et vous la placez en première ? C'est moi qui devrais y être et pas elle !

— Madame, je vais vous dire une chose : ça suffit ! Vous avez fait une demande et elle a été comblée alors qu'il n'y avait aucun motif réglementaire valable. Où je la place, c'est mon problème. Le train étant plein, je n'avais que cette possibilité. Maintenant, sauf surclassement de votre part, je ne vous mettrai pas en première. L'affaire est close. Bonne soirée, madame. »

Il faut savoir « en... rober » quand il le faut !

45. LES COPAINS SE TAPENT DESSUS

Un train du soir, presque vide. Avant-dernier arrêt, deux hommes d'une trentaine d'années montent avec des sacoches d'ouvrier pleines d'outils. Ils s'installent au bar et commandent des bières. L'alcool commence à agir et le ton monte. L'un d'entre eux est particulièrement agressif, il a l'« alcool mauvais ». Le second est plus posé, plus tranquille. Il subit les foudres de son ami. Les contrôleurs interviennent et demandent le calme.

Rien n'y fait. Subitement, le monsieur agressif attrape au cou son acolyte. Celui-ci tente de le calmer et lui demande de le lâcher, tout en essayant de le raisonner : « T'es sérieux, tu veux m'étrangler ? » Sans succès. Une contrôleuse prend son téléphone et déclenche une alerte, car la situation est devenue critique. Les forces de l'ordre vont intervenir au prochain arrêt.

Le voyageur sérieusement éméché et hors de lui menace de prendre un marteau et de défoncer le crâne de son ami. Les contrôleurs tentent de s'interposer, mais rien n'y fait. Il est comme possédé. Puis lentement, très lentement, la tension redescend, mais le nerveux reste dans un état second. Il s'est détaché de son ami et continue copieusement à l'insulter, à l'incendier.

Le train s'arrête, la gendarmerie est sur le quai : ni une ni deux, les gendarmes se saisissent des deux hommes et les font descendre. Sur place, ils vérifient leur identité et décident d'emmener le nerveux pour le mettre en cellule de dégrisement, son ami ayant refusé de déposer plainte contre lui.

Les contrôleurs demandent à l'autre voyageur s'il désire poursuivre son voyage. Celui-ci refuse. C'est son ami depuis longtemps, alors il décide de l'accompagner au poste. L'un des contrôleurs s'exclame :

« Il a de la chance de vous avoir pour ami, beaucoup seraient partis !

— Oui mais je suis fidèle en amitié, c'est comme ça ! »

Le contrôle d'alcoolémie n'est pas encore de notre responsabilité...

46. LA DEMANDE EN MARIAGE

Nous sommes dans un TGV. Le contrôleur, une fois sa ronde et son contrôle faits, déguste un café au bar. Se présente à lui un jeune homme d'environ 25 ans : « Monsieur le contrôleur, je voudrais vous demander une faveur. Je suis avec ma copine en première. Je viens de lui faire croire que j'allais boire un jus au bar. J'ai fait venir sur le train tous nos amis et notre famille et je voudrais que vous l'appeliez avec votre micro à mon signal et que vous m'autorisiez à faire ma demande en mariage au bar du TGV. » Le contrôleur esquisse un sourire et accepte.

Le jeune homme téléphone et les invités commencent à arriver. L'un d'entre eux tient un énorme bouquet de roses et le jeune homme demande à un de ses amis s'il a la bague de fiançailles. Quelques minutes plus tard, une fois qu'il s'est assuré que tout le monde était bien là, il indique au contrôleur le nom de son amie.

Le contrôleur passe alors l'annonce et demande à la jeune femme de se présenter immédiatement auprès de lui à la voiture-bar.

Trois minutes plus tard, la jeune femme se présente, un peu paniquée. Elle ne comprend pas pourquoi on l'appelle. Quand elle découvre ses proches, ses amis, un grand sourire se dessine sur son visage : « Mais qu'est-ce que vous faites là ? Alors ça, c'est une surprise. Mais vous êtes tous là ! »

Arrive alors dans sa direction son petit ami, avec l'énorme bouquet de roses rouges. La jeune femme est tellement surprise qu'elle reste bouche bée. Son compagnon met un genou à terre : « Ça fait longtemps que nous nous connaissons, longtemps que nous nous aimons. Nous avons parlé mariage sans jamais franchir le pas, mais à présent, parce que tu es quelqu'un d'extraordinaire, je voulais te faire une demande extraordinaire. Je te la fais à 300 km/h en présence de tous, pour te prouver mes sentiments. Veux-tu faire partie de ma vie pour le restant de ta vie ? Acceptes-tu de devenir ma femme ? »

La jeune femme se met à pleurer de joie. Son visage s'illumine : « Bien sûr que je le veux ! Moi aussi, je t'aime depuis toujours. Ça fait si longtemps que j'attends... Je ne te sentais pas prêt, alors j'attendais. T'en auras mis du temps ! »

Tout le monde applaudit. Ils s'embrassent et se prennent dans les bras. Tout le monde se dirige vers eux et les félicite.

Au train où vont les choses, c'est bien parti pour eux !

47. BRONZAGE

Nous sommes en été, direction la mer. Le train est bondé, archi-complet, avec son lot de personnes en surréservation. Le bar est plein. Le contrôleur a fait sa ronde et, malheureusement, il n'y a plus aucune place de libre. Alors qu'il annote les billets des voyageurs, une jeune femme d'environ 25 ans arrive :

« Bonjour, auriez-vous une place ? Je n'ai pas de place.

— Désolé, madame, mais nous sommes complets, les seules places libres sont au bar. Même les banquettes sont occupées.

— Y a vraiment que le bar ? Rien d'autre, pas une place ailleurs ? »

Sur le ton de l'humour, le contrôleur répond :

« Non, madame, à part la terrasse, je n'ai rien d'autre.

— Et elle est où, cette terrasse ? »

Le contrôleur montre du doigt le toit. Elle reste figée quelques instants, se retourne puis s'en va vers la seconde classe, prend un gros sac et entre dans les toilettes de la voiture 5.

Le contrôleur reprend son activité et répond aux diverses questions des voyageurs quand se présente, à la surprise générale, la jeune femme en bikini. Elle s'écrie : « Vous m'avez dit n'importe quoi ! Y a pas de terrasse dans le train. Je suis allée jusqu'au bout du train et que dalle ! »

Les voyageurs rient. Le contrôleur dit, avec un sourire : « Mais madame, c'était une boutade. Quand avez-vous vu une terrasse sur le toit d'un train qui roule à 300 km/h ? Avec les caténaires ? Ça n'existe pas, bon sang ! C'était pour signifier que toutes les places sont occupées. »

Se rendant compte de son erreur, elle lance au contrôleur un « Pauv' type ! », puis reprend son sac et rentre dans les toilettes.

Un contrôleur boute-en-train n'est pas toujours compris !

48. L'AS DE LA FINANCE

Lors du contrôle des billets, le contrôleur flashe le billet d'un jeune homme assis sur une banquette. L'appareil lui indique une alerte, il prévient aussitôt le central de Rennes : le billet est déclaré volé.

« Où avez-vous acheté votre billet ?

— Ben, dans une gare !

— Vous en êtes certain ? Votre billet est notifié "rouge". Vous avez une pièce d'identité pour que je vérifie que votre nom coïncide avec celui du billet ? Si vous refusez de me la présenter, je peux faire appel aux forces de l'ordre.

— Faites comme vous voulez. Je n'ai rien à me reprocher. »

Une fois le train en gare, trois policiers se présentent au contrôleur, qui les conduit auprès du voyageur :

« Maintenant que la police est là, acceptez-vous de me présenter votre pièce d'identité ?

— Tenez, prenez-la ! répond le jeune homme en la tendant à l'agent SNCF.

— Votre nom est différent de celui qui est sur le billet, donc ce n'est pas votre billet. Comment vous l'avez obtenu ?

— OK, j'ai acheté le billet sur Le Bon Coin, le site internet.

— Alors vous avez un gros souci. Le vendeur a déclaré volé le billet que vous avez acheté, sûrement pour se faire rembourser par une assurance. En attendant, vous êtes considéré comme étant sans titre de transport et ayant utilisé un titre dérobé à autrui. Je vais devoir vous régulariser pour cela. Ensuite, vous partirez avec ces messieurs pour parler du vol.

— Mais c'est impossible, je dois être à mon poste demain matin à la banque ! En plus, j'ai rien volé, moi ! Avec cette histoire de vol, je perds mon boulot à la banque ! »

L'un des policiers lui rétorque :

« Vous êtes banquier et vous vous comportez comme ça ? Une fois terminé avec le contrôleur, vous venez avec nous. Vous aurez tout le temps pour vous expliquer avec l'officier de police judiciaire. Si vous avez des preuves de paiement, vous pourrez les lui présenter. Vous devriez savoir qu'utiliser un billet qui ne vous appartient pas puisque déclaré volé, ça a un coût, rallongé de l'intervention de la police. Maintenant, soit vous réglez, soit je fais un procès-verbal, qui sera encore plus cher. Si je n'ai pas satisfaction sur une des deux solutions, vous aurez affaire à la direction juridique de la SNCF. Alors choisissez, et vite !

— Je paie ! »

Une fois régularisé, le monsieur prend ses affaires et part, escorté par la police.

**Le seul ticket gagnant,
c'est le billet réglementaire !**

49. LE VOYAGEUR OBSÉDÉ

Un train comme un autre. Sur le quai, le contrôleur accueille les gens, les guide, les renseigne. Arrive un voyageur qui vient discuter :

« Vous avez de la chance, vous faites un beau métier. Ça fait longtemps que vousl'exercez ?

— Trente ans.

— Ah, que de voyages pendant toutes ces années... »

L'heure du départ sonne, le contrôleur siffle et monte dans le train, qui démarre. Il fait l'annonce de bienvenue puis commence sa ronde. Dans la voiture-bar, le voyageur du quai lui pose quelques questions sur la vitesse du train, le temps de trajet...

Lors de la ronde qui suit, rien d'anormal : quelques billets à émettre et des procès-verbaux. Cependant, il remarque qu'il est suivi à petite distance par le voyageur du quai, qui annote un carnet.

Le contrôle fini, il refait une ronde. Chaque personne régularisée l'interpelle à son passage : l'une demande une annulation d'amende, l'autre un remboursement pour cause d'irrégularité...

Le contrôleur, étonné, demande pourquoi à l'une d'elles, qui lui répond : « C'est votre collègue qui est venu nous voir après vous. Il a regardé le billet que vous m'avez fait et il a dit que vous n'avez pas appliqué le bon tarif, alors je demande le remboursement. »

Le contrôleur ressort son appareil et effectue à nouveau l'opération afin de démontrer à la personne qu'il a appliqué le bon tarif :

« Le tarif a l'air d'être le bon. Alors pourquoi votre collègue dit le contraire ?

— Mais quel collègue ? Je suis seul à bord ! Il est comment ce monsieur ? »

La personne décrit alors le voyageur du quai !

Partant à sa recherche, il trouve le voyageur accoudé au bar, une bière à la main, qui, tout sourire, lui dit :

« Alors ce contrôle, ça s'est bien passé ? Vous ne lâchez rien, vous !

— Je peux savoir pourquoi vous faites ça ? De quel droit vous vous permettez de dire que j'escroque les gens et que je fais mal mon travail ?

— Votre travail, vous appelez ça un "boulot" ? Vous êtes pire que des huissiers. Vous ne savez que taxer les gens ?

— Mais, monsieur, j'applique la réglementation. Quant à mon travail, il est plus complexe qu'on ne le pense. Il ne se résume pas qu'à émettre des amendes.

— Je le connais, votre boulot. J'ai même postulé pour le faire, mais on a rejeté ma candidature. C'est pour ça : si je ne peux pas être contrôleur, vous non plus.

— Alors si vous n'êtes pas contrôleur, restez à votre place et n'interférez pas dans mon travail. C'est un conseil. Je suis très patient, mais j'ai une limite. Si vous la dépassez encore, vous allez découvrir un autre aspect de mon travail, nettement moins agréable pour vous. »

À la gare suivante, un collègue contrôleur en transit monte. Autour d'un café, le premier contrôleur lui raconte sa mésaventure.

« Ah bon ? Mais dis-moi, ça ne serait pas le gars là-bas ?

— Si, tu le connais ?

— Oh que oui, il a été embarqué un paquet de fois. Il va régulièrement à l'hôpital psychiatrique quand il fait ses crises.

— Alors il ne va pas tarder à y retourner ! »

Le métier de contrôleur englobe des savoir-faire dans plein de domaines... y compris la psychologie !

50. LE MULTI-IDENTITÉ

Nous sommes dans un direct Melun-Paris. Dès le départ, l'équipe de contrôleurs commence sa ronde. Voiture après voiture, les tickets sont vérifiés. Au fond d'une voiture, trois jeunes d'une vingtaine d'années.

Deux sont en règle, le troisième n'a pas de titre de transport. Le contrôleur lui demande s'il accepte de payer le prix du ticket. Il n'a pas d'argent. « Puisque vous n'avez pas d'argent, je vais vous demander une pièce d'identité pour établir un procès-verbal, pouvez-vous me la présenter, s'il vous plaît ? »

Il répond par la négative. Le contrôleur lui donne une petite feuille pour qu'il y écrive son identité. Pendant que celui-ci s'exécute, un autre contrôleur glisse discrètement au premier : « Tu devrais faire une vérif. Je l'ai déjà verbalisé un paquet de fois. »

Au moment où le train entre en gare du terminus, le contrôleur finit son PV. Lorsque la porte s'ouvre, trois agents de la police ferroviaire s'engouffrent sur la plateforme et demandent au jeune homme de les suivre au poste pour vérifier son identité. Le jeune râle, se met en colère puis, voyant que rien n'y fait, se résigne. Sur le chemin, il continue à protester avec force. L'un des agents lui dit : « Si c'est vous, on vous donnera le PV et vous ressortirez dans quinze minutes, alors ne faites pas de difficulté. »

Après vérification au poste, problème : il y a plusieurs identités à la même adresse. De nombreux PV ont été établis et jamais réglés :

« On va garder votre client. Le fax n'arrête pas de cracher des pages et des pages sur lui. J'en suis à 35 PV et ce n'est pas fini ! C'est un délit d'habitude.

— Eh oui, les erreurs, on les paie cher, surtout si elles sont habituelles. »

Il avait un train de vie supérieur à ses moyens !

51. JE TE TIENS PAR LA BARBICHETTE

Le train Paris-Montpellier est complet. Lors de sa première ronde, le contrôleur voit deux couples, visiblement amis, dans un carré. Les deux hommes se font face. L'ambiance est joviale. Plus tard, quand le contrôleur passe pour vérifier les billets, il trouve les mêmes personnes. Mais cette fois, les deux hommes se tiennent par le menton.

« Vous jouez à "Je te tiens par la barbichette" ? demande le contrôleur, amusé.

— Oui, répond une des femmes, on part entre amis en vacances, et vu qu'on a prévu de faire plein de choses, ils n'ont rien trouvé de mieux que de parier. Le perdant paiera certaines visites touristiques à tout le monde. Ah, les mecs, je vous jure ! »

À chaque ronde qu'il effectue ensuite pendant le trajet, le contrôleur constate que le jeu se poursuit. Ils n'ont pas bougé d'un iota.

« Alors, pas de perdant ? Va falloir accélérer ! Prochain arrêt, c'est le terminus !

— Je sais bien, mais bon, ce sont deux têtes de mule. Moi, je m'en fous. S'ils veulent continuer, qu'ils continuent. Moi, j'irai à l'hôtel et eux dormiront dans le train ! », lui répond la femme.

Les deux hommes à ses côtés sont comme des statues. Rien ne les perturbe.

Le train entre en gare d'arrivée, le contrôleur prend ses affaires et descend.

Le lendemain matin, le contrôleur arrive pour prendre son service. Il croise un agent d'escale qui lui raconte : « Hier soir, on a dû appeler pour évacuer deux types qui refusaient de descendre d'un train. Le TGV devait aller au garage et tant qu'ils étaient à bord, c'était impossible. Comme ils refusaient de descendre, on a dû appeler pour les sortir. Tu sais ce que l'un d'eux a dit quand son pote a été débarqué de sa place ?

— Non...

— "J'ai gagné !" »

Le compartiment humour, ça existe !

52. C'EST QUOI, ÇA ?

Il est tard. Le train en direction de Perpignan est quasi vide. Durant tout le trajet, deux hommes, d'une cinquantaine et d'une vingtaine d'années, ne quittent pas la voiture-restaurant. Ils discutent vivement, agrémentant leur dialogue de lampées de bière qu'ils avalent sans discontinuer. Ils sont sympas, pas agressifs du tout. Le plus âgé a gagné au PMU, alors il fête ça avec son ami. Depuis le début, le contrôleur les surveille et a même recommandé à l'hôtesse du bar de ne pas les resservir en alcool.

Vers la fin du trajet, le jeune homme vient trouver le contrôleur pour lui demander conseil. Il soulève son tee-shirt et découvre un spectacle hallucinant : le torse entier du jeune homme est constellé de gros boutons rouge et blanc, comme des pustules prêtes à éclater.

Écœuré, le contrôleur lui dit :

« Je ne sais pas monsieur, je suis contrôleur, pas médecin, mais je serais vous, j'irais vite consulter !

— Ouais, mon pote me dit d'aller à l'hôpital. Ça fait longtemps que je dois y aller, mais j'ai la flemme.

— Ne traînez pas, ça m'a l'air vraiment pas normal. »

Le voyageur réfléchit deux secondes, se rhabille, boit une lampée de sa bière et s'en va. Le chef de bord est sidéré. Il se retourne vers l'hôtesse :

« Je crois que c'est la première fois que je vois un champignon géant ! »

Quand tous les boutons sont au rouge, il faut stopper !

53. LE JOUET ANIMÉ

Tout se passe bien dans ce TGV lorsque arrive un voyageur qui signale au chef de bord un fait étrange : alors qu'il rangeait un objet dans sa valise, il a vu quelque chose bouger dans un sac à proximité. Aussitôt, les contrôleurs et le voyageur se rendent sur place : ils scrutent attentivement, rien ne bouge... Mais, d'un coup, alors que l'un des hommes bouge une valise, un sac s'anime !

« C'est trop gros pour être un téléphone. J'ai touché tout à l'heure, c'est long, souple et dur à la fois. Maintenant, j'y toucherai plus. J'ai lu que, parfois, des gens transportent des animaux exotiques dans des sacs. C'est peut-être un serpent !

— Si c'est un serpent, moi, je ne m'approche pas. Il suffit que le sac s'ouvre ou se déchire pour qu'on se fasse mordre !

— On va commencer par regarder le nom sur l'étiquette et l'appeler. Il nous dira quelle bestiole il y a dedans. »

Une fois l'annonce passée, un homme d'une quarantaine d'années se présente ; le contrôleur et lui s'enferment dans la cabine de bord pour discuter. Quelques instants plus tard, le contrôleur rouvre la porte avec un large sourire et interpelle son collègue, qui lui demande :

« Alors c'est quoi ? Un lézard ? Un serpent ?

— Pire, tu vas voir, tu vas être surpris ! »

L'homme s'approche du sac et l'ouvre doucement. La tension des contrôleurs est à son maximum... quand apparaît un gros poupon !

Le voyageur explique alors qu'il a acheté ce jouet pour sa fille, un modèle d'exposition. C'est un poupon qui parle et bouge. Les piles étant usées, elles n'étaient pas assez puissantes pour déclencher les voix et des mouvements amples.

Le train animé, c'est un film différent chaque jour !

54. LES NEUF VALISES

Lors d'une ronde, le contrôleur constate qu'une plateforme est très encombrée, par des valises, sept exactement. Elles gênent l'accès aux toilettes et limitent les possibilités de passage. Il entre dans la voiture adjacente et demande à qui elles appartiennent. Une femme se présente.

« Madame, vos valises encombrent la plateforme. Pouvez-vous les retirer et les monter pour permettre aux gens de la voiture de sortir et de se déplacer librement ?

— Je ne suis pas porteur et je n'ai pas la force physique pour le faire. Faites-le, vous !

— Ce n'est pas à moi de porter les valises des voyageurs. Ensuite, vous en êtes propriétaire, donc si vos valises occasionnent la chute d'un voyageur, vous en serez responsable. Si vous n'en avez pas la force, je suis disposé à vous aider. Mais si vous ne voulez rien faire, je vais néanmoins vous rappeler le règlement. Un voyageur n'a le droit qu'à trois sacs ou valises au maximum. Vous en êtes à sept.

— Non neuf. J'en ai deux à l'intérieur. Chaque valise contient des effets personnels : une pour les chaussures, une autre pour les robes... J'ai de nombreuses soirées cocktail qui m'attendent dans les jours qui viennent, alors j'ai pris le nécessaire.

— Très bien, madame, je vais ranger tout ça et ensuite je vous régulariserai pour l'excédent de bagages.

— Payer n'est pas un problème, mais, je vous l'ai dit, je ne porterai rien. »

Une fois qu'il a tout rangé, le contrôleur donne le tarif à la femme. Elle sort sa Black Card et paie sans sourciller. Lorsque le contrôleur lui remet le récépissé, elle lui dit :

« Vous savez, avec de l'argent, on peut tout se payer.

— Peut-être, mais sûrement pas une conscience », lui répond-il avant de s'éclipser.

Faire ses valises peut « entraîner » un surcoût.

55. LE JOUEUR PAS GÊNÉ

Un voyageur se présente auprès du contrôleur :

« Vous n'auriez pas une autre place pour moi ? J'en voudrais une au calme et avec une prise, parce que la mienne est occupée depuis le départ du train.

— Demandez à votre voisin de vous laisser l'accès. Vous voulez que je vienne le faire ?

— Il est tellement pris dans son truc que je doute qu'il vous écoute, mais allons-y. »

Sur place, le contrôleur est étonné. Dans un carré, une tour d'ordinateur avec un écran plat, derrière lesquels se tient un jeune homme avec un gros casque sur les oreilles, très absorbé par ce qu'il regarde. Son matériel occupe la moitié du carré.

Le contrôleur tente de l'accoster, mais il n'obtient aucune réaction. Il agite sa main, ce à quoi le jeune homme réagit : « Arrête, ça attire mon regard. Tu vas me déconcentrer. »

Le contrôleur tapote donc cette fois sur l'écran, et le jeune retire alors brusquement son casque.

« Quoi ?!

— Monsieur, bonjour !

— Quoi "bonjour" ?

— Je voudrais que vous laissiez l'accès à une prise à vos voisins, d'autant plus que vous les occupez toutes et pour votre seul usage.

— Et alors, je suis arrivé le premier. Premier arrivé, premier servi. Qui vous a demandé ça ? Lui ? »

Le jeune homme se tourne vers le voyageur :

« Tu veux une prise et tu vas pleurer auprès du contrôleur ?

— Il en a tout à fait le droit, lui répond le contrôleur, alors cessez de vous en prendre à lui, c'est à moi que vous avez affaire. Déjà, je vais vous demander de remballer tout votre attirail pour libérer des prises et ensuite, en termes de sécurité, il y a trop de câbles et quelqu'un risque de tomber en s'y prenant les pieds.

— Mais je ne peux pas ! Je fais un tournoi ! »

Le jeune homme, voyant que le contrôleur n'a pas l'intention de céder, finit par s'exécuter.

Plus tard, le même voyageur revient se plaindre auprès du contrôleur : le jeune joueur marmonne dans sa barbe et se plaint en continu. Le contrôleur lui propose donc d'aller s'installer dans une autre voiture pour être vraiment tranquille, pendant qu'il se charge d'aller parler au jeune récalcitrant.

Arrivé devant le jeune homme, le conti
s'adresse à lui :

« Voilà, le carré est à vous momentanément.

— Comment ça, momentanément ? Qui d'autre va venir ?

— Normalement, au prochain arrêt, vous aurez un adulte et deux enfants pour voisins.

— Mais je suis crevé, moi ! Je ne vais pas pouvoir dormir !

— C'est ça, la vie en communauté. Faut accepter de partager ! »

Le train-train quotidien,
ça n'existe pas !

56. ON A ÉCRASÉ LES ŒUFS DE MES POULES

Un voyageur arrive auprès du contrôleur, très en colère : « Il faut que vous veniez, un criminel est à bord : mon bagage a été saccagé ! »

Pensant qu'il s'agit d'un vol, le contrôleur se rend sur place. Ne voyant rien, il questionne le voyageur.

« Mes œufs ! Ils ont disparu. En partant, je les avais mis dans la partie droite de mon sac et là, je ne les vois plus. Quelqu'un a sûrement fouillé mon sac et les a volés.

— Ils ont quoi de particulier, ces œufs ? Ce sont des œufs d'autruche ?

— Non, des œufs de poule frais bio, le top. Mon frère est agriculteur et il m'en a donné vingt pour mes gâteaux, car je suis passionné de pâtisserie. »

Le contrôleur, gêné de ne pouvoir aider le voyageur, lui explique : « Je ne vais pas pouvoir faire grand-chose. Sauf flagrant délit, je ne peux pas fouiller tous les sacs des clients pour des œufs. Vous avez bien regardé dans votre sac, au cas où ils auraient bougé ?

— Non, mais je vais vous prouver qu'ils ne sont plus dans le sac, répond-il en commençant à sortir ses affaires : bientôt apparaissent des vêtements couverts d'une matière jaune et visqueuse.

— Ça ne serait pas ça, vos œufs ? On dirait bien qu'ils ont été écrasés ! »

Effectivement, plus le sac est vidé, plus on trouve de matière jaune – et au fond gît une masse semi-liquide. Voilà où sont passés les œufs !

« Les assassins ! Ils ont écrasé tous mes œufs, les fumiers !

— Écoutez, monsieur, il est grandement possible que vos œufs aient été écrasés par accident. En général, on met des vêtements, dans un sac. Je n'en connais pas beaucoup qui mettraient des œufs au milieu de leurs vêtements. Quant à savoir qui a posé son sac dessus ou a bougé votre sac… ! Je ne peux rien faire monsieur, à part vous donner des serviettes en papier pour éponger votre sac. »

On peut aussi se brouiller avec des œufs !

57. LA FAN DE YUKA

Nous sommes au bar d'un TGV. Il est l'heure de déjeuner. La file d'attente est longue. Se présente devant l'hôtesse une femme avec un téléphone à la main. Elle commande un produit, le scanne, regarde le résultat puis demande autre chose.

Ce manège dure depuis déjà cinq minutes, les gens commencent à se plaindre.

Après quinze minutes, les gens sont franchement en colère. Ils lui demandent de prendre la carte pour choisir et de laisser passer ceux qui savent ce qu'ils veulent – mais elle refuse.

Le contrôleur intervient :

« Madame, ces personnes ont raison. Si vous n'avez pas encore fait votre choix, laissez passer les autres. Qu'est-ce que vous faites avec votre téléphone ? Vous prenez en photo les produits ?

— Je les scanne avec l'appli Yuka. C'est une appli qui vous dit, en lisant le code-barres, si les aliments dedans sont sains ou pas.

— Tant mieux pour vous, mais, madame, on ne peut pas scanner tous les produits, il y en a trop ! Imaginez si tout le monde faisait pareil...

— Je refuse d'attraper un cancer en ingurgitant des cochonneries. Alors je prendrai le temps qu'il faudra.

— Écoutez, madame, soyez conciliante. Vous ne pouvez pas bloquer la file une heure durant. Soit vous choisissez, et je vous donne cinq minutes pour cela, soit vous vous mettez sur le côté et laissez les autres voyageurs commander.

— Très bien, je vais commander, mais il n'empêche que je tenais tout de même à vous dire que nombre de vos produits sont suspects et ne devraient pas être mis en vente. »

Au train où vont les choses,
tout peut arriver !

58. OCCUPEZ-VOUS DE MES ENFANTS

Lors d'une ronde, le contrôleur constate que trois enfants jouent à ouvrir et fermer les portes des voitures, à tirer la chasse d'eau des toilettes et à courir dans les compartiments bruyamment... Le contrôleur demande à l'un des enfants de le conduire à sa mère. Une femme d'une quarantaine d'années est en train de dormir sur son siège. L'un des enfants la réveille.

« Que se passe-t-il ?

— Rien, madame, si ce n'est que vos enfants jouent avec les toilettes et les portes et qu'il faudrait que ça cesse. Cela dérange les passagers. Il faudrait que vous gardiez un œil sur vos enfants.

— François, je t'avais dit de surveiller tes frères et sœurs ! », dit-elle en regardant un des enfants, puis elle se retourne vers le contrôleur :

« Et vous, vous ne pourriez pas vous en occuper ?

— Madame, je travaille. Je suis là pour m'occuper de mon train, pas pour gérer des enfants. C'est votre rôle, pas le mien. Je ne peux pas les surveiller.

— Je sais, mais je suis malade. Mon traitement me fatigue beaucoup. »

Elle se retourne vers le petit François : « Je te charge de ton frère et de ta sœur. Vous suivrez le contrôleur, mais sans le gêner dans son travail. Pas de bêtises, compris ? » Les enfants acquiescent.

Le contrôleur poursuit sa ronde, suivi de près par les enfants, qui le questionnent avec intérêt. En voiture-bar, le contrôleur commande à l'hôtesse trois chocolats chauds. Les enfants, installés sur les tabourets, bombardent de questions le contrôleur. Amusé de ce rôle inhabituel, il se prête au jeu et répond de manière ludique aux questions sur le rôle et la profession de contrôleur. Il rend le métier si captivant pour les enfants que bientôt des voyageurs se mêlent au groupe et participent aux échanges.

Alors que le train arrive bientôt à destination, il ramène les petits auprès de leur mère.

Celle-ci est prête et leur demande d'aller s'asseoir à leurs places. Elle glisse alors au contrôleur : « Je voulais vous remercier. Les enfants ont visiblement adoré votre petite formation. Je tenais vraiment à vous remercier de m'avoir permis de souffler un peu et de me reposer. Ce n'est pas de gaieté de cœur si je me conduis comme ça. J'ai un cancer à un stade avancé. Mon mari est parti et comme je n'ai plus la santé pour m'occuper pleinement des enfants, je les conduis chez ma mère. Il en faudrait plus, des gens avec un cœur comme le vôtre. Encore merci.

— Merci, madame, mais ce n'était pas nécessaire. Vos enfants sont sympas et si le peu de temps que je leur ai consacré leur a permis de comprendre le système des gares, des trains et du reste, tant mieux. Beaucoup de personnes ne savent pas comment ça fonctionne et s'imaginent des choses simples, alors que c'est compliqué. Je vous souhaite sincèrement de vous remettre pour profiter encore longtemps de vos enfants. »

Aider les autres,
c'est aussi la devise des contrôleurs...

59. LES MUSICIENS

Alors qu'il vérifie les titres de transport à bord du train, le contrôleur perçoit de la musique provenant du fond d'une voiture quasi vide. Un groupe de musiciens joue et accompagne un chanteur. L'ambiance est festive.

Le contrôleur s'approche puis s'arrête. Il écoute. Subjugué par la musique, il balance la tête au rythme des sons qui sortent des guitares. Le chanteur constate sa présence et lui sourit :

« Alors, vous aimez ?

— Oui, beaucoup !

— On se prépare à sortir un disque. On verra si ça marche.

— Vous n'avez pas encore testé votre musique sur un public ? Je vous propose une chose : allez au bar, je fais une annonce dans le train et vous verrez bien la réaction des gens à vos morceaux. »

Le chanteur et ses amis semblent ravis d'une une telle proposition. Ils prennent leurs instruments et s'installent dans la voiture-bar. Pendant ce temps, le contrôleur annonce au micro qu'un groupe de musique amateur propose un concert privé au bar pour divertir les voyageurs.

Cinq minutes plus tard, quelques personnes approchent. Le temps de faire les réglages et de tout installer, le concert improvisé démarre.

Les gens apprécient et vont même jusqu'à reprendre les refrains. Bientôt la voiture est bondée. À trente minutes de Paris, le contrôleur avise les musiciens, qui finissent alors leur concert puis rangent leur matériel. Le groupe vient remercier le contrôleur, suivi de près par les passagers ravis de l'animation.

Le contrôleur se dirige vers le steward et lui dit :

« J'espère que ça ne t'a pas trop dérangé ?

— Pas du tout. La musique était bonne et, grâce à eux, j'ai explosé mes chiffres. Tu sais, ton groupe, ils ont pris à leur charge toutes les consommations pour les gamins.

— Sympa ! Et ça a aussi aidé le groupe et mis de l'animation dans le train. Beaucoup de clients ont apprécié. Pour moi, c'est bien, tout le monde est ravi ! »

Comme le chantait Brassens :
« gare » au gorille !

60. JE SUIS TIMIDE

Dans un train, un jeune homme se présente au contrôleur, visiblement gêné :

« Monsieur le contrôleur, je pourrais vous demander un service, un service presque personnel ?

— Dites-moi toujours.

— Je vous explique. Je suis célibataire et j'ai discuté avec une jeune femme sur un site *via* des forums de discussion. Elle m'a dit qu'elle devait prendre le train, alors j'ai pris un billet sur le même train. Je suis passé la voir sans me présenter. Elle est magnifique. Je crois que je suis amoureux et elle attend notre rendez-vous. Mais je suis d'une timidité maladive. Je n'arrive pas à franchir le pas. Pouvez-vous transmettre un papier à cette femme, s'il vous plaît ? Je vous ai noté sa place sur le papier, au dos. »

Le contrôleur, amusé, répond :

« Pas de problème. Vous ne préférez pas lui demander de venir vous rejoindre au bar ?

— Je n'oserai jamais ! »

Le chef de bord part à la rencontre de la femme et lui glisse : « Bonjour madame, je crois savoir que vous attendez de rencontrer une personne.

— Oui, comment le savez-vous ?

— Cette personne m'a demandé de vous remettre ce message. »

La femme lit le message :

« Il est si timide que ça ?

— On le dirait !

— Et il est vraiment à bord ?

— Oui. Il est là pour vous.

— Alors, s'il vous plaît, conduisez-moi à lui. J'ai craqué sur lui aussi ! »

Le contrôleur, suivi de la femme, traverse le train jusqu'à la voiture-bar et s'arrête devant le jeune homme : « Madame, permettez-moi de vous présenter Franck. »

Pendant un court instant, ils sont comme paralysés, puis, d'un coup, la jeune femme se lance. « Bonjour, Franck. Je suis Anne », et elle s'asseoit à côté de lui. Une conversation débute. Visiblement, une certaine forme de complicité est déjà née. Ils ne font que se sourire l'un à l'autre.

La voie est libre pour un voyage de noces… en train, bien sûr !

61. LE CHANTIER

Une journée comme les autres. Le train part de Paris. Aussitôt après le départ, les contrôleurs font une ronde pour vérifier que tout va bien. Sur la plateforme de la voiture 17, un amoncellement de malles, d'étuis, de boîtes à outils bloque tout l'espace et l'accès aux toilettes.

Le contrôleur accède avec difficulté à la voiture, qui ne compte que quelques passagers. Il demande à qui appartient tout le fourbi sur la plateforme. Un monsieur répond que c'est à lui.

Emmené sur la plateforme pour plus de discrétion, le contrôleur lui dit :

« Ce n'est pas possible, tout ce bazar. Il faut que les accès soient libérés en cas d'évacuation. Vous devez ranger tout ça, s'il vous plaît. Vous savez, c'est interdit ce que vous faites. Je vais devoir vous verbaliser.

— Mon camion est tombé en panne. Je dois faire un gros chantier urgent, alors je n'ai pas le choix. Je dois tout emmener. Où est-ce que je peux ranger tout mon matériel ?

— Dans les racks à bagages, mais dans votre cas, ça ne suffira pas. Il faudra aussi en monter à l'étage.

— Je ne peux pas, je dois surveiller mon matériel. Je ne peux pas prendre le risque qu'on me le vole.

— Je comprends bien, monsieur, mais le train fait du transport de voyageurs, pas du transport de livraison. Vous devez libérer l'espace. »

Le monsieur appelle à la rescousse d'autres personnes dans la voiture. C'est son équipe ! Commence un va-et-vient pour tout monter. Une chaîne s'organise. Parfois, un carton craque, déversant son lot de vis, de boulons, de petits outillages partout dans l'escalier.

Une heure trente après, tout est rangé.

Le contrôleur verbalise le monsieur, qui répond :

« C'est cher. J'aurais mieux fait de louer un camion.

— Alors pourquoi ne pas l'avoir fait ?

— Parce que je croyais que c'était gratuit ! »

Carton plein !

62. LE SKI AUX ARCS

Le train arrive en gare de Saint-Raphaël, au bord de la Méditerranée. Les gens descendent. Sur le quai, le contrôleur et l'agent de gare voient arriver un voyageur avec toute la panoplie du skieur : skis, moon boots, gros blouson :

« Bonsoir, où est la navette pour la station des Arcs ?

— La station ? Quelle station ?

— Ben, la station de ski.

— Mais, monsieur, il n'y a pas de station de ski ici !

— Ben si, je devais descendre à Toulon et prendre la correspondance pour Les Arcs-Draguignan, mais je n'ai pas eu assez de temps. Ça ne doit pas être trop loin, donc il doit y avoir une navette. Alors elle est où, cette navette ? »

Le contrôleur et l'agent de la gare se retiennent de rire face à cette demande si fantaisiste.

« Si je comprends bien, vous vouliez aller à la gare des Arcs-Draguignan pour prendre ensuite une navette pour la station de ski des Arcs, c'est ça ? Alors je suis au regret de vous informer que la station des Arcs se trouve dans les Alpes, soit à la montagne, et que vous êtes actuellement en Provence, soit près de la mer. Ce sont deux endroits différents. Il y a une sacrée trotte entre les deux, 300 ou 400 km.

— Oh non ! Comme j'ai loué mon séjour en station aux Arcs, j'ai regardé pour le train et j'ai vu Les Arcs-Draguignan. Je croyais que c'était la gare de la station. Comment je vais faire ? Ah, je suis vraiment bête ! Et je suppose que la gare ferme... Ils sont chers, les hôtels, par ici ?

— C'est la côte d'Azur, c'est pas donné. Attendez-moi dans le hall. Je fais partir le train et je vais voir comment vous aider. »

Un train peut toujours en cacher un autre !

REMERCIEMENTS

À Teresa et Jennifer pour leurs encouragements.

Aux contrôleurs qui m'ont aussi parfois raconté une anecdote.

L'éditeur remercie Fabien Héraclès, qui a découvert dans le train les talents de conteur de ce contrôleur, et nous a ainsi permis de réaliser cet ouvrage.

TABLE DES MATIÈRES

ASSOCIATION SOUTENUE PAR L'AUTEUR

« Une Luciole dans la nuit » soutient et accompagne les malades du cancer et leurs proches.

Notre action au quotidien :

- informer ;
- accompagner ;
- soutenir les personnes touchées par un cancer ou leurs proches ;
- promouvoir le dépistage et la prévention du cancer.

Nos missions :

- l'accompagnement, le soutien et l'information des personnes touchées par un cancer, mais également les membres de leur famille ;
- l'information et la promotion de la prévention et du dépistage des cancers, plus particulièrement les cancers du sein et du côlon.

Nous mettons tout en œuvre afin d'offrir aux personnes atteintes d'un cancer et/ou à leurs proches, quel que soit leur lieu d'habitation :

– informations et renseignements non-médicaux sur les cancers ;

– écoute, soutien et accompagnement ;

– maintien d'un lien régulier avec les adhérents pour prendre de leurs nouvelles ;

– relais de l'information auprès du public, communication auprès des instances publiques et des établissements hospitaliers ;

– accès à un fonds de documentation disponible dans les locaux de l'association ;

– soins dits de support ou de confort (psycho-socio-esthétique, activité physique adaptée, accompagnement diététique, expression artistique) ;

– organisation de journées d'animation.

Nos projets :

– poursuivre notre action au quotidien en faveur des personnes touchées par un cancer mais également en faveur du dépistage et de la prévention du cancer ;

– recruter des bénévoles tant pour effectuer l'ensemble des tâches administratives nécessaires à la gestion et à la vie de l'association, que pour participer, animer, organiser les différentes manifestations, ateliers que nous proposons ou auxquels nous participons.

Les moyens financiers dont dispose l'association sont, à ce jour, utilisés pour mettre en place de nouvelles actions d'accompagnement et de soutien aux malades, à leurs proches ou aux aidants. L'objectif essentiel est d'offrir cette possibilité au plus grand nombre !

Une Luciole dans la nuit
39, rue de Marseille
93800 Épinay-sur-Seine

Évelyne Barbeau : 06 49 42 26 38
Maryse Edmond : 06 72 21 31 52

http://unelucioledanslanuit.fr

Imprimé en Espagne
par Industria Gráfica Cayfosa
en février 2019

MIXTE
Papier issu de
sources responsables
FSC® C003309

Les papiers utilisés dans cet ouvrage
sont issus de forêts responsablement gérées.